Enrico Riparelli

Christliche Häresien

Von den Anfängen der Kirche bis ins 20. Jahrhundert

W0033804

Parthas

Inhalt

Einführung

»Ihr aber, für wen haltet ihr mich?« lautet die bekannte Frage, die Jesus Christus seinen Aposteln stellte und die sich seit 2000 Jahren allen nachfolgenden Generationen der Christen stellt. Deshalb ist die Geschichte der christlichen Kirchen reich an Zeugnissen von Männern und Frauen, die in der Gewissheit, dass sie eine Antwort gefunden haben oder sie ihnen geoffenbart wurde, es auf sich genommen haben, als Häretiker verurteilt zu werden. Diese Menschen und ihr Blutzoll sind ein kostbarer Schatz, aus dem wir schöpfen. Es ist nämlich nicht möglich, die Entstehung der christlichen Dogmen und die Entfaltung des christlichen Glaubens zu verstehen, ohne gleichzeitig die von den Häresien gesetzten Voraussetzungen in Betracht zu ziehen; was die historische Forschung betrifft, erweisen sich die Schicksale der Häretiker außerdem als ein Laboratorium für die Geschichte des christlichen Europa; moralisch betrachtet, sind diese Ereignisse eine bleibende Mahnung davor, was der »Hass der Theologen« anrichten kann. Aber die aktuellere Bedeutung des Kampfes zwischen Rechtgläubigkeit und Ketzerei besteht wohl in dem Grund für diesen Kampf: dem Streben nach vollkommener, absoluter Wahrheit. Die zeitgenössische Kultur findet im Häretiker eine verführerische Gestalt und ist geneigt, der Aussage Fausts beizupflichten: Die wenigen, die die Dinge beim Namen genannt haben, »die was davon erkannt, ... hat man von je gekreuzigt und verbrannt«. Diese Kultur, die sich zugleich zum Dogma der Unzulässigkeit jedweden absoluten Glaubens bekennt, übersieht, wie sehr ihr eben diese Häretiker fremd sind, die im Namen einer absoluten Erfahrung des Göttli-

chen lebten und starben. Schon der hl. Augustinus, der aus persönlicher Erfahrung die Gefährlichkeit der Häresien mit der von Felsen gleichsetzte, nahm die Übereinstimmung zwischen den Katholiken und den Häretikern wahr, so dass er die Gläubigen wie folgt zurecht wies: »Glaubt doch nicht, dass Ketzereien durch ein paar hergelaufene kleine Seelen entstehen können. Nur große Menschen haben Ketzereien hervorgebracht.« Auch heute kann ein berühmter Theologe wie Karl Rahner betonen: »Die Häresie ist nur unter Brüdern des Geistes möglich«, und »Geschichtlich wirksam und mächtig werdende Häresien sind nicht einfach nur Sätze, die aus Dummheit, Eigensinn und schlechter Information kommen; sie sind vielmehr getragen von einer echten, ursprünglichen Erfahrung«.

Die christlichen Kirchen haben in 2000 Jahren Toleranz gelernt, doch nun ist eine neue Form von »Häresie« an den Tag getreten, die zuvor undenkbar war: das Dogma der absoluten Indifferenz. Aktuell ist die Häresie im klassischen Sinn nicht mehr eines der zentralen Probleme der christlichen Kirchen. Ist das das Zeichen des Sieges der Rechtgläubigkeit, oder muss diese Situation als ein Indiz dafür gesehen werden, dass die zeitgenössische Welt nicht mehr interessiert ist an dem, worum der Rechtgläubige und der Ketzer so hartnäckig gekämpft haben, nämlich an der Heilsbedeutung der Erkenntnis der Wahrheit? Erinnern wir uns an die Worte des hl. Paulus: »Oportet et haereses esse: Es muss ja Irrlehren geben« (1 Korinther 11,19 Vulgata). Häresien als Prüfstein der Bewährung der Rechtgläubigkeit und ihrer Treue gegenüber der Berufung zu einer neuen Welt? Die folgenden Seiten, der Blick auf die Geschichte der christlichen Häresien, sollen für den Leser Ansporn sein, darauf seine eigene Antwort zu finden.   *E.R.*

Die Zeit der Kirchenväter

- Das Frühchristentum
- Die Kirche des Markion
- Die gnostischen Strömungen

- Eine universale Kirche: der Manichäismus
- Trinitarische und christologische Häresien
- Der Optimismus des Pelagius

Wenn der Glaube Gestalt annimmt in der Geschichte, eine Gemeinschaft von Gläubigen und Institutionen ausbildet, entsteht unausweichlich die Frage, welche von den unterschiedlichen Lehren die wahre ist und wer über die Autorität verfügt, das festzustellen: Diesem Problem musste sich in seiner 2000-jährigen Geschichte auch das Christentum stellen. Die Geschichte zeigt, dass kein christlicher Glaubenssatz ohne Spannungen angenommen wurde; selbst die ersten Gläubigen waren nicht vor Kontroversen geschützt. Es gab vielmehr ein Bewusstsein dafür, dass der Kampf für den Sieg der Orthodoxie von höchster Bedeutung war: Es ging um die Identität und das Überleben des Christentums.

Wenn wir die theologischen Debatten verfolgen, die die frühe Kirche gespalten haben, ist es für ihn oft schwierig zu verstehen, wie Fragen, die dem alltäglichen Leben völlig fremd erscheinen, die streitenden Parteien so sehr berühren konnten, dass sie bereit waren, Verfolgungen auf sich zu nehmen und notfalls ihren Glauben mit dem Leben zu bezeugen. Wie ist es möglich, fragt man sich, dass der byzantinische Theologe Maximus Confessor (7. Jh.) sich bis zum Ende geweigert hat, die Lehre eines einzigen Willens in Christus anzunehmen, wohl wissend, dass ihm andernfalls die Zunge und die rechte Hand abgeschnitten würden? Handelte es sich gar um einen fanatischen Glauben? Tatsache ist, dass die lebhaften Kämpfe um die Wahrheit, die seit den ersten Jahrhunderten des Christentums ausgefochten wurden, eine immense Bedeutung für die Zukunft der abendländischen Kultur haben sollten; ein Beispiel unter vielen mag hierfür als Beleg dienen: Der theologische Gedanke eines transzendenten, geistigen und unsichtbaren Gottes hat die Christen dazu gebracht, die Zulässigkeit einer ikonografischen

Malerei mit der Darstellung Christi unter den Aposteln (Rom, Domitilla-Katakombe).

Unten: Perugino (Werkstatt), Der Schöpfer auf dem Thron zwischen Engeln und Cherubim (Vatikanstadt, Palazzi Vaticani).

9

Detail einer Miniatur aus einer lateinischen Bibel des 12. Jahrhunderts; der Kodex wurde von Cosimo de' Medici »il Vecchio« (1389–1464) und seinem Bruder Lorenzo (1395–1440) dem Franziskaner-Konvent San Bonaventura al Bosco in Mugello geschenkt.

Unten: Michelangelo Buonarroti (1475–1564), Erschaffung der Gestirne und Pflanzen, aus dem Deckengemälde der Sixtinischen Kapelle, Vatikanstadt.

Darstellung, die vom Alten Testament ja verboten war, zu erörtern. Erst als nach lebhaften Kontroversen und einer vertieften Reflexion über die Inkarnation Christi das II. Konzil von Nizäa (787) die Erlaubnis formuliert hat, mittels des sichtbaren Bildes Christi die Unsichtbarkeit Gottes darzustellen, eröffnete sich so für unsere Kultur überhaupt die Möglichkeit einer Geschichte des Bildes, von der Darstellung in der Malerei bis zur fotografischen und filmischen Wiedergabe; man könnte fast sagen, dass Hollywood, der Darstellung des Sichtbaren verpflichtet, nicht möglich geworden wäre ohne das Konzil, das mit seinen grundlegenden Entscheidungen einst die Darstellung des Unsichtbaren erlaubt hat.

Das Frühchristentum

Da es von Anfang an vielfältige Interpretationen Jesu Christi und seines Wortes gab, erwiesen sich für die christliche Kirche Synoden als eine unabdingbare Notwendigkeit. Denn ein großer Teil dieser theologischen Positionen rief Bewegungen hervor, die später auf den Rang von Häresien herabgestuft wurden, und es entstanden Schriften, die als »apokryph«, verborgen, zurückgewiesen wurden; gleichzeitig gelang es anderen Interpretationen, sich als »orthodox«, rechtgläubig, darzustellen, und die entsprechenden Texte konnten sich als »kanonisch«, maßgeblich durchsetzen. Dass die Häresien schon zu der Zeit ein Problem gewesen sind, als die Schriften des Neuen Testaments niedergeschrieben wurden, zeigt auch eine Stelle aus der Offenbarung des Johannes, wo die erste christliche Zuschreibung eines Eigennamens bezeugt ist: in Auseinandersetzung mit einem Mann, der als Häretiker galt. In Offenbarung 2,6 wird der Kirche von Ephesus das Verdienst zugesprochen, das Treiben der sogenannten Nikolaiten zu verabscheuen, von Christen

Ausschnitt einer Miniatur mit dem Kreuz aus einem syrischen Evangeliar. Die Nestorianer haben nie die Kreuzigung dargestellt, sondern nur das Symbol des Kreuzes, da sie an dem Verbot festhielten, das Leiden Jesu darzustellen.

Ein Wort mit negativer Bedeutung

Der Begriff Häresie

Der griechische Begriff Hairesis bedeutet eine Wahl, zum Beispiel unter den verschiedenen philosophischen Richtungen, ohne dass damit eine negative Wertung verbunden wäre. In den Paulinischen Briefen hingegen bezeichnet er die Parteiungen in den christlichen Gemeinden aufgrund von Abweichungen und Irrlehren, und diese negative Bedeutung wird in der Geschichte des Christentums bestimmend. Um den Begriff »Häresie« richtig zu verstehen, muss sein Gegenteil, der Begriff »Rechtgläubigkeit« (abgeleitet vom griechischen Begriff Orthodoxia, rechte Lehre) mitbedacht werden, dessen negativer Gegenbegriff Häresie ist. Offensichtlich drückt dieses Begriffspaar nicht ein objektiv gegebenes Faktum aus, sondern ein Werturteil, es wird also mit Bezug auf historische Tatbestände immer in einer besonderen Perspektive angewendet. Dem englischen Theologen Robert Grosseteste (12./13. Jh.) zufolge ist die Häresie »eine der Heiligen Schrift widersprechende Aussage, die öffentlich bekannt und hartnäckig verteidigt wird«. Auf diese Weise wird der Begriff der Häresie vom Begriff des Schismas (griechisch Schisma, Spaltung) abgegrenzt, der den Bruch der Gemeinschaft mit der Kirche bezeichnet aufgrund von Divergenzen, die nicht das »Depositum fidei« betreffen, sondern das Verhältnis zur Amtsgewalt.

Miniatur mit Initiale des 11. Jahrhunderts aus dem Brief des hl. Paulus an die Römer (Paris, Bibliothèque Mazarine).

Unten: Detail einer Illustration aus einem Kodex des 10. Jahrhunderts mit Kommentar zur Apokalypse des Beatus von Liébana (Bibliothek des Escorial)

also, die dem Häresiologen Irenäus von Lyon (140 bis 200) zufolge keinerlei Skrupel gehabt hätten, Unzucht zu begehen und das Fleisch von Tieren zu essen, die den Götzen geopfert worden waren. Mit Blick auf die anfängliche Verschiedenheit der christlichen Strömungen ist nicht zu erkennen, dass sich neben einer rechtgläubigen Kirche weitere Gemeinschaften entfalteten, die unmittelbar als heterodox galten. Vielmehr waren Entstehung und Ausbreitung des Christentums geprägt von einer Vielzahl von Strömungen, die nur mühsam und langsam die Grenzen zwischen Orthodoxie und Häresie festlegten; denn die Klärung dessen, was für häretisch gehalten werden musste, erfolgte gleichzeitig mit der Bestimmung des wahren, orthodoxen Glaubensinhaltes. Gewiss ist das Christentum in einem jüdisch-palästinischen Kontext entstanden und darin verwurzelt, aber die Juden selbst waren schon mit anderen religiösen und philosophischen Strömungen, insbesondere mit dem Neuplatonismus, in Kontakt gekommen waren, die aufgrund ihrer Anziehungskraft sogar als gefährlich galten. So fan-

den die frühen Christen sich am Scheideweg der unterschiedlichsten religiösen und philosophischen Erfahrungen: Eine Religion, die mit Bezug auf das Judentum als »Häresie« entstanden war (nach Apostelgeschichte 24,5 werden die Christen von ihren jüdischen Gegnern als »Nazoräer-Sekte« bezeichnet), musste eine neue Identität ausbilden. Dem Christentum boten sich zwei Möglichkeiten: Es konnte sich einerseits als eine der vielen jüdischen Strömungen verstehen (diese Wahl trafen die Ebioniten, radikale Judenchristen, die in Jesus nur einen Menschen sahen, der von Gott zum Messias geweiht worden sei, und den absoluten Gehorsam gegenüber dem Gesetz des Mose forderten); es konnte sich zum anderen aber auch vollständig von seinem Erbe trennen, das viele wegen der kultischen und gesetzlichen Vorschriften als Last empfanden (dafür entschieden sich die Messalianer oder Euchiten, syrische Asketen, die ein Christentum lebten, das die vom Satan eingepflanzte böse Begehrlichkeit nur

Miniatur aus einem hebräischen Bibel-Kodex des 14. Jahrhunderts (Florenz, Biblioteca Medicea-Laurenziana).

in einem Leben der Askese und durch das immerwährende Gebet für überwindbar hielten). Die Großkirche, also die Gesamtheit jener Gemeinden, die sich gegenseitig als »katholisch« anerkannten, nahm schließlich eine mittlere Position ein; für sie war sowohl der Kampf gegen die Extremismen als auch die Ausbildung einer starken Identität dank der Anerkennung einer universal gültigen »Glaubensregel« von vitaler Bedeutung.

Die Kirche des Markion

Einige Jahrzehnte nach dem Abschluss des Neuen Testaments entstand der von Markion (85–160) ausgelöste

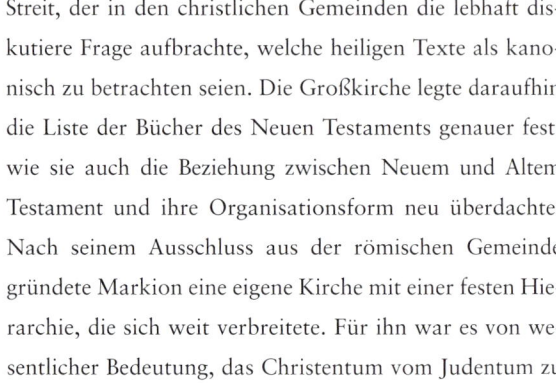

Streit, der in den christlichen Gemeinden die lebhaft diskutiere Frage aufbrachte, welche heiligen Texte als kanonisch zu betrachten seien. Die Großkirche legte daraufhin die Liste der Bücher des Neuen Testaments genauer fest, wie sie auch die Beziehung zwischen Neuem und Altem Testament und ihre Organisationsform neu überdachte. Nach seinem Ausschluss aus der römischen Gemeinde gründete Markion eine eigene Kirche mit einer festen Hierarchie, die sich weit verbreitete. Für ihn war es von wesentlicher Bedeutung, das Christentum vom Judentum zu lösen; er lehnte das Alte Testament, zusammen mit dem Gott, der es inspiriert hätte, gänzlich ab und anerkannte als kanonisch nur das Evangelium des Lukas und 10 Briefe des hl. Paulus, aber auch diese um die Abschnitte gekürzt, die er für Fälschungen hielt. Er trieb den paulinischen Gegensatz zwischen der Botschaft Christi und dem jüdischen Gesetz ins Extrem und behauptete, dass nur der in den von ihm anerkannten Texten geoffenbarte Gott ein guter und

barmherziger Vater gewesen sei, während der Gott des Alten Testaments der gerechte, aber nicht gute Schöpfer sei, da er allein auf der Basis des Gehorsams gegenüber dem Gesetz sein Urteil spreche. Christus, der nur dem Anschein nach als Mensch erschienen sei (diese Häresie wird später Doketismus genannt), habe die Propheten, das Gesetz des Mose und die Werte des niederen Gottes außer Kraft gesetzt.

Das von Markion verkündete Heil betraf nur die Seelen, während es für die Leiber keine Hoffnung auf Auferstehung gab, und da jede Verbindung mit dem »Fleisch« negativ beurteilt wurde, wurden Ehe und Fortpflanzung zu den unreinen Akten gezählt, derer sich die Markioniten nach der Taufe enthalten mussten; sie lebten eine

strenge Askese, die auch die Ernährung einbezog (Enkratismus).

Die gnostischen Strömungen

Außer mit der Kirche des Markion fanden sich die katholischen Gemeinden zugleich mit einer Reihe von Strömungen konfrontiert, die zusammengefasst »Gnosis« oder »Gnostizismus« genannt werden. Diese breiteten sich Anfang des 2. Jahrhunderts rasch in der ganzen mediterranen Welt aus, sie bildeten einen heterogenen religiösen Kosmos und verstanden es, sich innerhalb der katholischen Gemeinden zu tarnen und anzupassen. Nach Irenäus von Lyon war der erste Häretiker und Gnostiker der Samaritaner Simon Magus; die Apostelgeschichte erzählt, dass er den Aposteln Geld anbot, damit sie ihm die Macht gäben, durch Handauflegen den Heiligen Geist zu spenden (Apostelgeschichte 8,9–25). Von seinen Anhängern als ein Gott verehrt, sei Simon umhergereist, begleitet von einer Prostituierten namens Helena, von der er behaupte-

Miniatur der Bible Moralisée von ca. 1250, mit der Darstellung Gottes, der die Welt ausmisst (Wien, Österreichische Nationalbibliothek).

Bildtafel der Apocalypsis Johannis aus dem 15. Jh. (Modena, Biblioteca Estense Universitaria)

Unten: Absturz des Simon Magus, Detail vom Ciborium Sixtus' IV. von ca. 1475 (Vatikanstadt, Archivio Storico della Fabbrica di San Pietro)

te, sie sei »der erste Gedanke seines Geistes, die Mutter aller«; sie habe den Leib jener Helena angenommen, derentwegen der Krieg um Troja geführt worden war, und sei schließlich in den Leib der Prostituierten eingegangen. Trotz dieses Zeugnisses des Irenäus ist es immer noch ungeklärt, was wirklich der Ursprung der verschiedenen gnostischen Systeme war. Die Quellen, die uns einen Zugang zu den komplexen Lehren des Gnostizismus bieten, sind Schriften der Kirchenväter, wie auch der Gnostiker selbst, etwa die bekannte *Pistis Sophia*, und vor allem ca. 50 Texte in koptischer Sprache, die 1946 bei Nag Hammadi gefunden wurden.

Als bedeutendster Vertreter des Gnostizismus gilt Valentinus (2. Jahrhundert), ein namhafter Lehrer zuerst in Alexandrien und dann in Rom, aus dessen Schule bedeutende Lehrer hervorgingen wie Ptolemäus und Markus, aber

auch mehrere unterschiedliche Schulen. Gemeinsames Merkmal aller gnostischen Strömungen war, dass sie den Gläubigen eine Erkenntnis (die Gnosis) anboten, Spekulationen über die Gottheit, den Menschen, und vor allem über die kosmischen Zwischenwesen, die »Äonen« ; diese Lehren gründeten sich meist auf eine spezielle Exegese einer geheimen – von Jesus seinen Schülern geoffenbarten – Botschaft, die durch einen körperfeindlichen und antikosmischen Dualismus gekennzeichnet war. Im Zentrum dieser Offenbarungen stand die Botschaft, dass in der Folge einer Schuld oder eines in der göttlichen Welt (Pleroma) erfolgten uranfänglichen Unfalls ein Teil der göttlichen Substanz im menschlichen Leib gefangen und in das Exil dieser irdischen Welt verbannt worden sei, die beide vom niedrigen und bösen Demiurgen geschaffen seien. Nur eine besondere vom Erlöser geoffenbarte Erkenntnis konnte den wenigen Erwählten die Erleuchtung einflößen, die sie aus ihrem Schlaf aufzuwecken und ihnen ihre wahre Natur sowie den Weg der Rückkehr zum ursprünglichen Zustand zu enthüllen vermochte. In ethischer Hinsicht zogen einige aus der Verachtung der Welt die Konsequenz strenger Enthaltung und lehnten die Ehe und bestimmte Speisen ab, wäh-

Gnostische Kamee, vielleicht ein Talisman, aus gelbem Jaspis.

Eine im 2. Jh. verfasste Schrift aus Ägypten

Die gnostische Schrift *Pistis Sophia*

»Es fuhr aber Jesus wiederum in der Rede fort und sprach zu seinen Jüngern: ›Es geschah nun, als die Pistis Sophia diese Worte gesagt hatte, da war die Zeit vollendet, dass sie aus dem Chaos herausgeführt würde; und durch mich selbst ohne das erste Mysterium führte ich eine Lichtkraft aus mir und schickte sie hinab zum Chaos, damit sie die Pistis Sophia aus den tiefen Örtern des Chaos herausführe und zu dem oberen Orte des Chaos führe, bis dass der Befehl von dem ersten Mysterium käme, dass sie gänzlich aus dem Chaos herausgeführt würde. Und meine Lichtkraft führte die Pistis Sophia herauf zu den oberen Örtern des Chaos. Es geschah nun, als die Emanationen des Authades bemerkt hatten, dass die Pistis Sophia zu den oberen Örtern des Chaos hinaufgeführt war, verfolgten sie sie auch nach oben, indem sie sie wiederum zu den unteren Örtern des Chaos zu bringen wünschten; und meine Lichtkraft leuchtete sehr, die ich gesandt hatte, um die Sophia aus dem Chaos hinaufzuführen.‹«

Pistis Sophia, I 58, in: Koptisch-gnostische Schriften, Bd. 1, hrsg. von Carl Schmidt, 3. Aufl., bearb. von Walter Till, Akademie-Verlag, Berlin 1962.

Malerei mit der Darstellung von 5 Heiligen (Rom, Calixtus-Katakombe).

Unten: Adam und Eva auf einer Miniatur eines mittelalterlichen Antiphonars (Florenz, Museo dell'Opera del Duomo).

rend andere sich vor jeder Kontamination mit der Materie geschützt wussten, was sich in einem zügellosen Verhalten äußerte. Die Menschheit wurde gemäß drei Stufen der Erkenntnis in drei Gattungen unterteilt: Die unterste Stufe war die der »Hyliker«, das heißt der an die Materie *(Hyle)* gebundenen Wesen, die kein göttliches Element in sich trugen und daher keinen Zugang zum Heil hatten; der zweiten Stufe gehörten die »Psychiker« an, die im Besitz der vernünftigen Seele *(Psyche)* und daher fähig waren, zwischen dem Guten und dem Bösen zu wählen; die dritte Gruppe waren die »Pneumatiker«, die im Besitz des Geistes *(Pneuma)* und so die wahren Gnostiker waren; durch die Kenntnis des eigenen göttlichen Ursprungs waren sie dazu ausersehen, das Vergessen zu überwinden und den göttlichen Geist aus der Sklaverei der Welt der Finsternis zu befreien.

Einige gnostische Gruppen wandten, ausgehend von ihrem negativen Urteil über den Gott des Alten Testaments, auf die Heiligen Schriften eine inverse Auslegung an, die die Bedeutung der Gegenspieler Gottes hervorhob. So verehrten die Ophiten und Naassener die Schlange, da sie Adam und Eva jene Erkenntnis angeboten habe, die vom Gott des Alten Testaments verweigert worden war; die Kainiten versicherten, dass Kain vom höheren Sein abstammte und dass Judas der einzige Jünger gewesen sei, der die Wahrheit erkannte. Den Gnostikern kommt das Verdienst zu, dass sie als erste ein systematisches Studium der Bibel betrieben und eine erste Ordnung der Glaubenswahrheiten ver-

Carle van Loo (1705–1765), Der hl. Augustinus im Streitgespräch mit den Donatisten (Paris, Kirche Notre-Dame des Victoires).

Montanisten, Novatianer, Donatisten und Priscillianer

Schismatische Kirchen in der Antike

Hauptmerkmal einiger christlicher Gruppen, die sich von der Kirche getrennt haben, war eine betont rigoristische Tendenz, die eher zum Schisma als zur Häresie führte. Im Montanismus, einer Strömung, die um 170 von dem Phrygier Montanus begründet wurde und der sich dann auch Tertullian anschloss, führte die zentrale Bedeutung der Gabe der Prophetie zur Gewissheit des bevorstehenden Kommens des 1000-jährigen Reiches Christi (Millenarismus, Chiliasmus) und

in der Konsequenz zur Verachtung der Welt und zu einem solchen Drang nach dem Martyrium, dass dieses nicht geflohen werden durfte, sondern geradezu gesucht werden musste. Der römische Presbyter Novatianus trennte sich 251 in der Folge des Zwistes um die Wahl des Bischofs von Rom von der Mutterkirche; er gründete eine Kirche der »Reinen«, in der für jemanden, der sich mit schweren Sünden befleckt hatte, auch wenn er bereute, kein Platz war. Ähnlich lehnten im 4. Jahr-

hundert die nach Donatus von Karthago benannten Donatisten die Wiederzulassung jener Christen ab, die während der Verfolgung unter Diokletian die heiligen Bücher ausgeliefert hatten (wonach sie Traditores genannt wurden). Donatus behauptete außerdem, dass ein von einem Traditor verwaltetes Sakrament keinen Wert habe, da die Wirksamkeit des Sakraments von der Würdigkeit des Spenders abhinge (Donatismus). Pricillian, der 385 zum Tod verurteilte Bischof von Avila, war das Schulhaupt einer elitären asketisch-gnostischen Bewegung, die in Spanien und Aquitanien Verbreitung fand; nach den spärlichen und nicht immer sicheren Nachrichten, die überliefert sind, verwarf er die Materie als Werk des Teufels und forderte zu strengstem Fasten auf.

Kain tötet Abel, Miniatur aus der 2. Hälfte des 13. Jh. (Paris, Bibliothèque Nationale).

Unten: Statuette aus Nepal, 12. Jh., mit Darstellung des Buddha Shakyamuni.

sucht haben; auf diese Weise gaben sie auch für die Großkirche den Anstoß, über diese Themen zu diskutieren und sich mit theologischen Instrumenten auszustatten, die die Ausarbeitung einer angemessenen Antwort möglich machten.

Eine universale Kirche: der Manichäismus

Einige Historiker neigen heute dazu, auch die manichäische Kirche den gnostischen Strömungen zuzuordnen, während sie nach anderen sich durch Struktur und Lehren als eine eigenständige Religion ausweist. Schon in der Antike wird diese religiöse Bewegung als die Häresie schlechthin gesehen, mit der Folge, dass das Wort »Manichäer« im Abendland auf die unterschiedlichsten Heterodoxien angewandt wird. Die von dem Perser Mani (216–277) nach wiederholten Engelsoffenbarungen gegründete manichäische Kirche stellt sich als vollkommene religiöse Antwort dar, insofern sie die Botschaft der Propheten Zarathustra, Buddha und Jesus einschloss und überragte: Mani sah sich als deren Nachfolger und als das endgültige »Siegel«. Der Manichäismus entfaltete sich als eine universalistische und missionarische Religion und zeigte sich bemerkenswert anpassungsfähig an die verschiedenen Kulturen, auf die er bei seiner Verbreitung traf. Ab dem Ende des 3. Jahrhunderts breitete er sich von Mesopotamien aus bis über Indien hinaus und im ganzen Römischen Reich aus, drang auch in die christlichen Gemeinden ein (der hl. Augustinus war neun Jahre lang »Hörer«), bis die kaiserliche Gewalt für alle Manichäer die Todesstrafe festsetzte (527). Dank der im chinesischen Turkestan und in Ägypten gemachten Funde verfügen wir heute über mehrere Texte, die von den Manichäern selbst stammen. Wie im Gnostizismus wurden die Lehren auch im Manichäismus in kosmologische und Erlösung verheißende Mythen gekleidet, die die Handlungen zahlreicher Personen darstellten, deren Namen je nach Kulturkreis variierten. Das zentrale Element der Reflexion war das Problem des Bösen, und die Antwort gründete auf einem radikalen Dualismus, der das Licht und die Finsternis in ihrer Entwicklung in drei Stadien gegenüberstellte: In der Anfangszeit erfolgte die ursprüngliche Trennung, die mittlere Zeit entsprach dem gegenwärtigen Wirrwarr, in der Endzeit würde die endgültige Trennung erfolgen. Der Mensch, der als eine Zusammensetzung aus göttlichen Partikeln gesehen wurde, die in den Leib aus Fleisch ins Exil geschickt worden sind, war das Zentrum eines epischen Kampfes zwischen feindlichen Heeren, agierte aber zugleich als Protagonist dieser Schlacht. Seine wichtigste Aufgabe bestand in der Befreiung der göttlichen Partikel durch die erinnernde Erkenntnis der eigenen

Darstellung des Propheten Zarathustra, Miniatur des 17. Jh. Der Zoroastrismus entsteht zwischen 1400 und 1200 v. Chr. im heutigen Aserbeidschan, nach anderer Überlieferung um 600 v. Chr. in der Gegend von Baktrien, dem heutigen Afghanistan.

Die Evangelisten, gemalt von Pontormo (1494–1556) und Bronzino (1503–1572) in den Jahren 1525–1528 (Florenz, Cappella Capponi in Santa Felicita).

Seite gegenüber: Goldglas mit Christus und Aposteln aus dem 4. Jh. (Vatikanstadt, Biblioteca Apostolica Vaticana, Museo Sacro).

Ursprünge, aus der sich das Heimweh nach einer ursprünglichen Existenz und ein Ekel gegenüber der fremden Welt herleitete. Der Prozess der Erlösung der göttlichen Partikel würde sein Ende finden in einer endgültigen Katastrophe, alle göttliche Substanz würde schließlich befreit werden, während die materielle Substanz in die Tiefe stürzen würde. Die manichäische Kirche war streng organisiert nach Funktionen, die die Erwählten deutlich von den Hörern unterschieden. Die Erwählten waren zu einem Leben der strengen Beachtung dreier Regeln verpflichtet, die *Signacula* genannt wurden: Das Siegel des Mundes verpflichtete zu einem vegetarischen Leben, zur Abstinenz von Wein und zu häufigem Fasten; das Siegel der Hände untersagte es, Tieren und Pflanzen Schaden zuzufügen; das Siegel der Brust verlangte den Verzicht auf sexuelle Beziehungen. Der Hierarchie konnten nur Erwählte angehören; sie bestand aus einem Oberhaupt, das seinen Sitz in Babylon hatte, 12 Aposteln, 72 Bischöfen und 360 Presbytern. Die Hörer konnten heiraten, sie mussten sich aber für den Dienst der Erwählten zur Verfügung halten und konnten so schrittweise einen besseren Status erlangen. Das religiöse Leben der manichäischen Kirche bestand aus täglichen Gebetszeiten, während derer Schriften gelesen und Hymnen gesungen wurden, die Mani selbst verfasst hatte, den Reinigungsriten, dem Bekenntnis der Sünden und der Feier des Jahrestages der »Kreuzigung« von Mani, sprich seines Todes im Gefängnis: das liturgische Fest, »Bema«.

Trinitarische und christologische Häresien

Eben zu der Zeit, als das Christentum von Kaiser Konstantin den anderen Religionen des Reiches gleichgestellt wurde, brach in der christlichen Gemeinde von Alexandrien in Ägypten eine dramatische Krise aus. Der Presbyter Arius (256–336) war mit seinem Bischof Alexander in Konflikt geraten, als er bei der Erörterung der Beziehung zwischen Gott dem Vater und dem Sohn in Letzterem nur das erste der Geschöpfe sehen wollte, womit er ihm die Göttlichkeit absprach und auf seine Unterordnung unter den Vater schloss (Subordinationismus). Diese Position, die den strengen Monotheismus wahren wollte, löste Reaktionen aus, die Kaiser Konstantin (280–337) veranlassten, das erste ökumenische Konzil in der Geschichte des Christentums nach Nizäa einzuberufen (325), wo die theologische Einheit des Reiches wiederhergestellt werden

Aus *De Haeresibus* des hl. Augustinus

Die Circumcellionen

Zu dieser Sekte [der Donatisten] in Afrika gehören auch die so genannten Circumcellionen [die circum cellas – *um die zum Gedächtnis von Märtyrern errichteten Kapellen – streifen], ein wilder Menschenschlag von allseits bekannter Verwegenheit, die nicht nur gegen andere grausige Schandtaten begehen, sondern mit der gleichen Raserei auch gegen sich selbst wüten. Denn sie bringen sich selbst mit den verschiedensten Todesarten um, und sie versuchen möglichst viele Menschen beiderlei Geschlechts zu diesem Wahnsinn zu verleiten, indem sie ihnen androhen, dass sie, wenn sie sich nicht selbst töten, von anderen getötet würden. Die meisten Donatisten missbilligen dies jedoch.*

Augustinus, De haeresibus ad Quodvultdeum, 69: Patrologia Latina 42, 21–50.

*Ausschnitt aus einer mittel-
alterlichen Buchmalerei
mit der Darstellung von
Kaiser Konstantin, der sich
gegen den ärztlichen Rat
eines Bades in frischem
Kinderblut als Heilmittel
gegen den Aussatz entschei-
det (Florenz, Biblioteca
Riccardiana).*

*Unten: Ikone von
Emmanuel Tzanes
(1610–1690) von 1666
mit der Darstellung des
Engelsheeres (Athen,
Byzantinisches Museum).*

sollte. Zuvor schon waren die Thesen der Adoptionisten
zurückgewiesen worden, wonach Christus ein einfacher
Mensch gewesen war, der als Sohn Gottes adoptiert worden sei, und ebenso die Ansicht der Modalisten, für die er
nur ein Modus der Offenbarung des einzigen Gottes war,
mit der Konsequenz, dass es der Vater war, der für die
Menschheit gelitten hatte (weshalb sie auch »Patripassia-
ner« genannt wurden). In Nizäa erreichte Athanasius, der
neue Bischof von Alexandrien, dass die arianische Position verurteilt und von der Mehrheit der Konzilsväter ein
Glaubensbekenntnis verabschiedet wurde, dem-
gemäß der Sohn *homoousios*, wesensgleich mit
dem Vater ist. Allerdings war die Streitfrage
damit nicht beendet, es musste ein neues Konzil
einberufen werden (nach Konstantinopel, 381),
um zu präzisieren, wie in der Dreifaltigkeit eine
einzige Natur (Substanz) in drei Personen (Hypo-
stasen) bestehen könne. Dabei wurde definiert,
dass der Heilige Geist »aus dem Vater hervor-
geht« und »mit dem Vater und dem Sohn« ange-
betet und verherrlicht wird; damit wurde die
Position der Makedonianer (Anhänger des aria-

nischen Bischofs Makedonios von Konstantinopel) zurückgewiesen, wonach der Heilige Geist nicht göttlicher Natur sei. Trotz der offiziellen Stellungnahmen der Großkirche ging der Arianismus nicht sofort unter, sondern verbreitete sich sogar, dank der Predigt des arianischen Bischofs Wulfila (4. Jahrhundert), unter den Völkern der Barbaren.

Gabriele Bossi und Giuseppe Galberio (beide aus der 2. Hälfte des 16. Jh.), Die vier Evangelisten und die vier Kirchenväter, Ausschnitt mit dem hl. Augustinus (Mailand, Basilika San Lorenzo, Kapelle San Aquilino).

Mit der Bekehrung dieser Völker zum Katholizismus verschwand der Arianismus dann zwar, das Attribut »arianisch« allerdings blieb als Bezeichnung für die unterschiedlichsten Häresien erhalten, die die Nicht-Göttlichkeit Christi oder seine Unterordnung unter den Vater vertraten. Bald stellte sich auch die Frage nach der Beziehung zwischen der göttlichen und der menschlichen Natur Christi. Schon in den frühen christlichen Gemeinden war die Unterschiedlichkeit der Christologien ein wichtiger Grund für Streit, da einige in Christus nur einen Menschen sehen wollten (Niedrigkeitschristologie), während andere ihm eine besondere Würde zuerkannten (Engelchristologie) und wieder andere göttliche Herkunft (Hoheitschristologie). Apollinaris, Bischof von Laodizea und Verteidiger des Dogmas von Nizäa, hielt an der Göttlichkeit Christi fest, vertrat um ihrer willen aber die Ansicht, dass der Logos bei der Menschwerdung

25

*Unten: Kaiser Justinian,
Ausschnitt aus dem
Mosaik der Kirche San
Vitale in Ravenna.*

eine unvollständige Menschennatur angenommen habe, als er die Seele ersetzte; doch wurde diese Lehre (Apollinarismus) vom Konzil von Konstantinopel (381) zurückgewiesen.

Die christologischen Überlegungen wurden wieder aufgenommen und vertieft von Kyrill, der seit 412 Patriarch von Alexandrien war; nach ihm durchdringt die göttliche Natur die menschliche wie das Feuer eine glühende Kohle, und es gibt demnach nur *eine Natur* des fleischgewordenen Wortes. Die konkurrierende theologische Schule von Antiochien hingegen trennte die menschliche Natur Jesu von der göttlichen Natur des Logos: Letztere habe nur Aufenthalt genommen im Menschen Jesus. Deshalb konnte der Patriarch Nestorius von Konstantinopel den Schluss ziehen, dass Maria nur »Christusgebärerin« genannt werden dürfe, und nicht »Gottesgebärerin« (Theotokos) oder »Mutter Gottes«. Auf dem 3. Ökumenischen Konzil (Ephesus, 431), das von Kyrill geleitet wurde, setzte sich die Position der alexandrinischen Schule durch, während Nestorius ins Exil gezwungen wurde. Die nestorianische Kirche löste sich allerdings nicht auf, sondern verbreitete sich in den Gebieten des Ostens wie Persien, Indien, Turkestan und China, und noch heute gibt es nestorianische

Gläubige im Irak, in Iran, Syrien, Indien und Amerika. Nach dem Konzil von Ephesus wurde der Nestorianismus auch von Eutyches, Abt eines Klosters bei Konstantinopel, heftig bekämpft; in Fortführung des Denkens von Kyrill rückte er die beiden Naturen Christi auf so enge Weise aneinander, dass sich daraus eine Absorption der menschlichen durch die göttliche Natur ergab, »so wie ein Tropfen Honig sich auflöst im Meer« (Monophysitismus). Auf dem 4. Ökumenischen Konzil in Chalkedon (451) wurde diese Position zurückgewiesen, und es wurde festgesetzt, dass es in Christus zwei Naturen gibt, die eine neben der anderen, nicht getrennt, sondern unlöslich miteinander verbunden, aber nicht vermischt, in der Person des göttlichen Logos. Diese Verurteilung führte allerdings nicht dazu, den Monophysitismus auszulöschen,

Ausschnitt aus einem mittelalterlichen Fresko mit der Darstellung eines Bischofs, der dem »rechten Glauben« folgt, wie er einen Mitbruder »im Irrtum« während des Konzils von Chalkedon am Bart zieht.

der vielmehr in verschiedenen Gebieten des Reiches Fuß fassen konnte. Kaiser Justinian berief schließlich das 5. Ökumenische Konzil (Konstantinopel, 553) ein, auf dem die drei Hauptvertreter der Schule von Antiochien verurteilt werden sollten (Dreikapiteldekret). Im Versuch einer Befriedung zwischen den entgegengesetzten christologischen Schulen, hat der Patriarch Sergius von Konstantinopel (610–638) vorgeschlagen, nicht von einer Einheit der beiden Naturen in Christus zu sprechen, sondern von einer Einheit des (gottmenschlichen) Willens (Monothele-

*Giovanni di Paolo
(um 1395/1400–1482),
Der hl. Augustinus übergibt
die Regel (Avignon,
Musée du Petit Palais).*

*Unten: Lithografie des
19. Jh. mit Darstellung der
Erschaffung der Welt
(Paris, Musée des Arts et
Traditions Populaires).*

tismus). Aber ein in Konstantinopel abgehaltenes Konzil (Trullanum von 680) erkannte im Monotheletismus eine Variante des Monophysitismus und verurteilte auch diese Lehre zusammen mit ihren Vertretern und bestätigte im Wesentlichen die Definition von Chalkedon.

Der Optimismus des Pelagius

Während die östlichen Theologen sich vor allem an der Definition der trinitarischen und christologischen Lehren interessiert zeigten, konzentrierte man sich im Westen besonders auf die Fragen hinsichtlich der Sünde und der Erlösung. Entstanden aus der Polemik gegen eine oberflächliche Praxis des Christentums, hat die Lehre des britischen Mönchs Pelagius (um 360– um 425) optimistisch behauptet, dass der Mensch, um gut zu handeln, nicht die Gna-

de nötig habe, sondern es durch seinen freien auf das *Exemplum Christi* gerichteten Willen vermöge.

Der Pelagianismus, die erste bedeutende Häresie des christlichen Westens, verbreitete sich ab dem 5. Jahrhundert in Italien, Nordafrika, Spanien, Gallien, Irland und Palästina; ein heftiger Gegner war vor allem der hl. Augustinus, der seine Verurteilung erreichte. Augustinus zufolge hatte die Sünde Adams die Natur und den Willen des ganzen Menschengeschlechts so radikal verdorben, dass der Mensch nicht mehr im Stande ist, unabhängig von der Taufe und der göttlichen Gnade zum Heil zu gelangen.

Trotz der Niederlage des Pelagianismus sind in der folgenden Geschichte des Christentums mehrere Male theologische Positionen vertreten worden, die, zu Recht

oder zu Unrecht, als »pelagianisch« abgestempelt wurden.

Giotto (1267–1337), Christi Himmelfahrt (Padua, Cappella degli Scrovegni – Arena-Kapelle).

Von der Zeit der Karolinger bis zum 12. Jahrhundert

- Die Häresien der Westkirche im 11. Jahrhundert
- Von den elitären Häresien zur Kirchenreform
- Die Häresien des 12. Jahrhunderts

Nach den »gelehrten« Häresien des 1. Jahrtausends treffen wir in den darauf folgenden Jahrhunderten auf Glaubensaussagen, die alle gesellschaftlichen Klassen ansprechen. Zahlreiche Wanderprediger verbreiten Lehraussagen, die zu einer radikalen Änderung des alltäglichen Lebens auffordern. Es ist dabei nicht immer einfach, den Häretiker vom wohlmeinenden Kirchenreformer zu unterscheiden, denn in manchen Fällen besteht die Häresie mehr im Ungehorsam gegenüber der Institution als in einer regelrechten Abweichung vom Glauben. Typisch dafür ist das Schicksal der Patarer, Reformer, die mit dem Papsttum verbunden sind, schließlich aber sich unter den häretischen Bewegungen der Zeit wiederfinden.

Die Invasionen der Barbaren führen unter anderem auch zu einer Erlahmung der theologischen Diskurse, da der Klerus vor allem damit beschäftigt ist, mit einem großen Bekehrungswerk den heidnischen Aberglauben zu bekämpfen. Erst in der karolingischen Zeit kann wieder die theologische Erörterung aufgenommen werden, und mit ihr bilden sich wiederum Ideen heraus, die für heterodox gehalten werden. Die Frage der Freiheit des Menschen wird im 9. Jahrhundert von dem Theologen Gottschalk wieder aufgenommen, der das augustinische Denken bis ins Extrem weiterführt und die Prädestination zur Seligkeit wie auch zur ewigen Verdammnis vertritt. Und Claudius, Bischof von Turin zwischen 800 und 820, kommt zu dem Schluss, dass alle heiligen Bilder, die ihnen und den Heiligen gewidmete Verehrung, Wallfahrten und die Autorität des Papstes entschieden abzulehnen seien. Die Theologie der Karolingerzeit ergründet außerdem

Die gregorianische Messe in einem Manuskript des 14. Jh. (Neapel, Museo Nazionale).

Unten: Fibel aus der 2. Hälfte des 6. Jh. mit Darstellung eines fränkischen Ritters (Bonn, Rheinisches Landesmuseum).

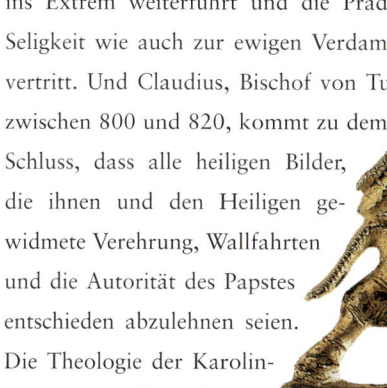

Miniatur mit Darstellung Karls d. Großen im Kampf gegen die Sarazenen (Bibliothek des Klosters St. Gallen).

Unten: Godescalc-Evangelistar, geschaffen in der Hofschule Karls d. Großen in Aachen (781–783) (Paris, Bibliothèque Nationale).

das Mysterium der Eucharistie. Dem Realismus von Paschasius Radbertus, Abt von Corbie, der in dem Werk *De corpore e sanguine Domini* (831) die Identität der konsekrierten Hostie mit dem aus Maria geborenen Leib Christi vertrat und ebenso die Identität des Messopfers mit dem Kreuzesopfer, trat Gottschalk entgegen; dieser verglich die Gegenwart Christi im Brot und im Wein mit der hypostatischen Union seiner beiden Naturen und wies die Identifikation zwischen den beiden Opfern zurück. Später wird diese Kontroverse wieder aufgenommen von dem Scholastiker Berengar von Tours (gest. 1088), der dabei zu einem spiritualistischen Symbolismus kommt, wonach die eucharistischen Gestalten nur die Erinnerung an die Inkarnation und das Leiden Christi darstellen, aber nach der Konsekration unverändert blieben.

Die Häresien der Westkirche im 11. Jahrhundert

Die Häresien der karolingischen Epoche entstehen meist aufgrund der Lehre einzelner Intellektueller oder einzelner Schulen im Umfeld theologischer Denkgebäude. Da es ihnen nicht gelingt, eine Tradition zu schaffen, die über den Tod des Oberhauptes hinaus fortdauert, gewöhnen sich die Theologen für etwa ein Jahrhundert daran,

Urteile über die heterodoxen Lehren eher in den Texten der Kirchenväter als in der gegenwärtigen Wirklichkeit zu finden. Aber mit dem 11. Jahrhundert entsteht ein neuer religiöser Eifer, der sich in der Bekehrung zu einem dem apostolischen Ideal näheren christlichen Leben ausdrückt und Laien und Kleriker zur öffentlichen Predigt ansporn, zur Kritik am Lebenswandel des Klerus, alles unter Berufung auf eine manchmal verworrene Auslegung der Heiligen Schrift.

Miniatur aus der 2. Hälfte des 12. Jh. aus dem Liber floridus *des Lambert de Saint-Omer (1060–1123) mit Darstellung des Teufels, der auf dem Behemoth über die Straßen der Welt reitet (Wolfenbüttel, Herzog August Bibliothek).*

Originelle und fragwürdige Interpretationen

Unwahrscheinliche Etymologien von Häresien

Die Ausbreitung der Häresien in den verschiedensten sozialen Schichten hatte zur Folge, dass manche Sekten, die von Illiterati (Ungebildeten) gegründet wurden, die Besonderheiten ihrer Lehren oder auch ihre Entstehung auf eine eigenwillige Interpretation von (meist lateinischen) Bildungsbegriffen bezogen. So hat der Häretiker Clemens in dem gegen ihn angestrengten Prozess in Bucy (1114) ausgesagt, er habe den Weg zur Häresie aufgrund der Worte des Evangeliums »beati eritis« (»selig seid ihr«) eingeschlagen, das er so auslegte, als würde es »selig die Häretiker« bedeuten. Ebenfalls zu dieser Zeit hat

ein bretonischer Ritter eine häretische Bewegung gegründet und sich den Namen »Eon« zugelegt, da er während der Messe die Worte »per eundem Dominum nostrum« (durch unseren Herrn) gehört hatte, die, wie er meinte, »durch Eon, unseren Herrn« bedeuten sollten; als der Papst und die Bischöfe, die auf einer Synode (Reims,

1148) versammelt waren, diese Erklärung des Häretikers hörten, brachen sie in schallendes Gelächter aus und beschränkten sich darauf, ihn für verrückt zu erklären. Aber auch auf der Gegenseite verwendete man nicht weniger fragwürdige Etymologien, allerdings um die Häretiker zu verleumden. So konnte zum Beispiel der Theologe und Dialektiker Alanus ab Insulis (12. Jh.) behaupten, die Katharer (vom griechischen katharos, *rein*) würden so genannt, weil sie bei ihren nächtlichen Zusammenkünften das Hinterteil einer schwarzen Katze (Cattus) küssen würden, in deren Leib der Teufel stecke.

Bischofsstab des Erzbischofs Erkenbald von Mainz (997–1011) aus vergoldetem und zieliertem Silber.

Unten: Raffael (1483–1520), Die Disputa des Sakraments, Ausschnitt (Vatikanstadt, Stanzen des Raffael).

Die ersten Zeugnisse von Häresien in der Westkirche des 2. Jahrtausends werden von dem Benediktiner-Mönch Rodulfus Glaber (985– um 1046) überliefert, der in seinem Geschichtswerk *Historiae* erzählt, wie um das Jahr 1000 in allen Ländern des Westens – abgesehen von Kriegen, Hungersnöten und wundersamen Ereignissen – auch das Aufblühen von Häresien das Ende der Welt habe vorhersehen lassen. In diesem Klima der Erwartung konnten die Worte des hl. Paulus, die das Auftreten der Häresien mit der Beunruhigung durch das nahe Ende verbinden, neu interpretiert werden:

> Der Geist sagt ausdrücklich: In späteren Zeiten werden manche vom Glauben abfallen; sie werden sich betrügerischen Geistern und den Lehren von Dämonen zuwenden, getäuscht von heuchlerischen Lügnern, deren Gewissen gebrandmarkt ist. Sie verbieten die Heirat und fordern den Verzicht auf bestimmte Speisen, die Gott doch dazu geschaffen hat, dass die, die zum Glauben und zur Erkenntnis der Wahrheit gelangt sind, sie mit Danksagung zu sich nehmen. (1 Timotheus 4,1-3).

Rodulfus berichtet, dass einige Zeit später ein französischer Bauer mit Namen Leuthard während der Arbeit auf dem Feld vom Schlaf übermannt wurde und träumte, dass ein Bienenschwarm in ihn eindrang, ihn aufforderte, das Kruzifix zu zertrümmern, seine Frau zu verjagen und unter den Bauern die Kunde zu verbreiten, es müsse dem Klerus der Zehnt nicht mehr gezahlt werden. Auf dem ersten Scheiterhaufen, der im Abendland nach dem Jahr 1000 entzündet wurde, fand eine Gruppe

Elfenbeintafel aus dem Jahr um 1000 mit einer Darstellung des hl. Paulus (Paris, Musée national du Moyen Âge).

Paulikianer und Bogomilen

In der Zeit, in der der Ansturm der barbarischen Völker auf das Weströmische Reich die theologische Spekulation und das Aufblühen der Häresien dämpfte, haben sich in den Gebieten des Oströmischen Reichs verschiedene heterodoxe Gruppen verbreitet. Gegründet um das 7. Jahrhundert, verbreitete sich die Sekte der Paulikianer (der Name ist vielleicht abgeleitet vom Apostel Paulus, der besonders verehrt wurde) von Armenien aus nach Thrakien und Bulgarien. Die Paulikianer lehnten das Alte Testament, das Kreuz und die Bilderverehrung ab, und sie wurden von den Gegnern »Manichäer« genannt, da sie an ein gutes Prinzip glaubten, das vom bösen Gott, dem Schöpfer der Materie, zu unterscheiden sei. In Bulgarien bildete sich im 10. Jahrhundert eine neue häretische Bewegung, der Bogomilismus, benannt nach seinem Gründer, dem Popen Bogomil. Wie für den Paulikianismus nahmen die Historiker in der Vergangenheit auch für den Bogomilismus mögliche Einflüsse von Seiten des Markionismus und des Manichäismus an, während man heute dazu neigt, solche Verbindungen zu verneinen. Auch von den Bogomilen wurde die Materie als die Schöpfung eines negativen Prinzips betrachtet, das aber nicht als mit Gott gleichwertig gesehen wurde, sondern nur als ein gefallener Engel, der mit Satan identifiziert wurde. Mittelpunkt der Liturgie war der Initiationsritus, bei der die Auflegung der Hände und die Anrufung des Heiligen Geistes erfolgte; das einzige erlaubte Gebet war das Vater Unser, Kultorte und Messfeier wurden abgelehnt. Das negative Urteil über die Materie führte die Bogomilen zur Abstinenz von Produkten, die aus einer geschlechtlichen Vereinigung entstehen wie Fleisch, Eier, aber auch von Milch und Käse, und sie übten häufiges Fasten. Über Handelswege und Militärstraßen gelangten die bogomilischen Ideen in den Westen und trugen dort zur Entwicklung der mittelalterlichen Häresien bei, insbesondere des Katharismus.

gelehrter Domherren der Kathedrale von Orléans im Jahr 1022 den Tod: Sie wurden des »Manichäismus« angeklagt, und der französische König Robert der Fromme (970–1031) ließ sie als Ketzer verbrennen. Sie hatten ausgesagt, sie könnten die traditionelle Lehre der Dreifaltigkeit, die sie für eine Torheit hielten, nicht annehmen, und ebenso wenig, dass die auf Erden begangenen Zügellosigkeiten eine gerechte Strafe nach sich ziehen würden oder dass verdienstliche Werke etwas beiträgen zu einem himmlischen Lohn. Gezwungen, ihre Lehre zu offenbaren, wurden die Angeklagten schließlich hingerichtet. Es wird außerdem berichtet, dass die Domherren, weit davon entfernt, fromme und untadelige Kleriker zu sein, sich für

gewöhnlich nachts trafen und die Dämonen anriefen, um sich dann einer inzestuösen Orgie hinzugeben. Die durch einen solch schändlichen Akt gezeugten Kinder warfen sie dann ins Feuer und nahmen ihre Asche *ad viaticum* zu sich. Es muss hervorgehoben werden, dass zu dieser Zeit die Zeugnisse über Häretiker immer mehr mit amoralischen Handlungen und deren angeblichem Umgang mit dem Teufel angereichert werden.

Detail aus »Pace di Ariberto« (1120er Jahre), wahrscheinlich der Deckel einer Kassette, in der das Evangeliar aufbewahrt wurde, das der Erzbischof Aribert von Intimiano der früheren Mailänder Kathedrale San Tecla gestiftet hatte.

Von den elitären Häresien zur Kirchenreform

Eine häretische Gruppe ganz aus Laien bestehend, wurde 1028 vom Erzbischof Aribert von Mailand entdeckt. Es handelte sich um eine monastisch-asketische Gemeinschaft, beheimatet in der Burg von Monforte (Piemont), die sich zur Gütergemeinschaft bekannte, sich eine ungewöhnliche Vorstellung von der Trinität machte und behauptete, einen »Pontifex« zu haben, der die Anhänger täglich besuche. Sie pflegten das immerwährende Gebet Tag und Nacht, enthielten sich der Fleischspeisen und ließen sich, wenn sie den nahenden Tod fühlten, von einem ihrer Genossen töten, um den Qualen der Hölle zu entgehen.

Die Welle der Häresien der 1. Hälfte des 11. Jahrhunderts wird von den Chroniken der Zeit wegen der Absage an ein weltliches Leben, die sie im Allgemeinen ausdrücken, oft mit dem Etikett des Manichäismus versehen; eines ihrer Merkmale war die geringe Gefolgschaft, und so verschwanden sie nach dem Tod der Gründer wieder rasch. Die Häresien dieser Epoche ent-

Campanile der Abtei Pomposa, errichtet 1063.

Unten: Miniatur des 14. Jh. mit Darstellung der Simonie eines Abtes (Vatikanstadt, Biblioteca Apostolica Vaticana).

standen innerhalb geschlossener Zirkel, die wenig missionarische Absichten hatten, und waren vor allem Ausdruck einer radikalen persönlichen Lebenswahl. Interessant ist die Feststellung, dass es in der 2. Hälfte des 11. Jahrhunderts keine Nachrichten über die vorangehenden, sondern auch nicht über neue Häresien gibt. Der Grund für dieses seltsame Fehlen in diesen 50 Jahren liegt wahrscheinlich in der Tatsache, dass in dieser Zeit eine beträchtliche Anstrengung für die innere Reform der Kirche stattfindet: Anspruchsvollere Laien und Kleriker konnten in den »Pataren«, die sich im Kampf für die Reform der Kirche mit dem Papst verbündeten, eine Antwort auf ihre Forderungen nach Reinigung der Kirche finden (gregorianische Reform).

Die Mailänder Bewegung der Pataria, geführt vom Diakon Ariald und dem Ritter Erlembald, breitete sich rasch in weitere italienische Städte wie Florenz, Brescia, Cremona, Piacenza, aber auch in die Niederlande aus. Die Paterer, die unterschiedlichen gesellschaftlichen Klassen angehörten, klagten vor allem den im Konkubinat lebenden Klerus (Nikolaiten) an oder verurteilten den kirchlichen Ämterhandel (Simonie). Die feurige Predigt der Paterer, die tumultuösen Prozesse, die sie gegen den korrupten Klerus anstrengten, und ihre Weigerung, die Sakramente von unwürdigen Klerikern zu empfangen, führten zum Bruch mit den religiösen Autoritäten und zu wechselseitigen Anklagen der Häresie, sodass schon am Ende das Jahrhunderts der Ausdruck »Paterer« gleichbedeutend war mit Häretiker, und in den folgenden Jahrhunderten wurden verschiedene häretische Bewegungen allgemein als »Patarer« abgestempelt.

Darstellung der Hölle auf einer Miniatur der Très riches Heures du Duc de Berry *der Brüder Limburg (Chantilly, Musée Condé).*

Die Häresien des 12. Jahrhunderts

Es war die Enttäuschung der von der gregorianischen Reform geweckten Erwartungen, die im 12. Jahrhundert viele Kleriker, Mönche, aber auch Laien zum offenen und spektakulären Protest gegen das Verhalten des Klerus und die Struktur der Kirche trieb und sogar christliche Dogmen bestreiten ließ. Die Häresien dieser Zeit entstanden nicht mehr aus Diskussionen innerhalb der theologischen Schulen, zum Protagonisten wurde jetzt auch das Volk, das den Ruf von Wanderpredigern nach Rückkehr zum apostolischen Leben aufnahm.

Die Kirche als von den Häretikern belagerte Festung in einer mittelalterlichen Darstellung.

Rechts: Miniatur des 14. Jh. aus dem Decretum Gratiani (12. Jh.) mit Darstellung des Urteils über einen der Infamie und der Unzucht angeklagten Bischof (Genf, Bibliothèque de Genève).

Das Konkubinat eines Priesters in Antwerpen veranlasste einen gewissen Tanchelm zur Predigt, dass es nicht notwendig sei, den Kirchenzehnten zu zahlen, und dass von unwürdigen Priestern verwaltete Sakramente nutzlos wären. Berichte der Gegenseite schildern, dass dem Häretiker ständig eine Schar von Waffenträgern und eine Menge von Jüngern folgten und dass es zu einem derartigen Kult um seine Person kam, dass er sich zum Verlobten der Jungfrau Maria proklamierte und seine Getreuen sein Badewasser trinken liess.

Um das Jahr 1119 begann in der Provence der Gemeindepriester Peter von Bruis mit seiner Predigt; er setzte mit der Kritik der kirchlichen Hierarchie ein und gelangte schließlich zur Ablehnung des Alten Testaments, der Schriften der Kirchenväter, der Heiligenbilder, der Sakramente und der Kirchengebäude. Der Häretiker wurde von der Menge ergriffen, während er Kruzifixe verbrannte, und starb selbst in dem Feuer. Nach seinem Tod hat ein Mönch namens Heinrich die Menge weiter angestachelt mit seiner Verurteilung des korrupten Klerus, der Ableh-

nung des Sakraments der Ehe und der Betonung der Armut der Kirche. Er gewann viele Anhänger in Frankreich, so dass sogar der hl. Bernhard von Clairvaux auf ihn aufmerksam wurde, der ihn zu einem Treffen aufforderte und ihn dann einsperren ließ.

Simon dei Crocifissi (14. Jh.), Der hl. Bernhard übergibt den Zisterziensern die Regel (Bologna, Pinacoteca Nazionale).

Die Auseinandersetzung um die Reform der Kirche bis ins Zentrum der Christenheit zu tragen, gelang schließlich dem Kanoniker Arnold von Brescia. Er war schon in seiner Heimatstadt Protagonist im Kampf für die Reform des Klerus; nachdem er sich nach Frankreich geflüchtet hatte, kam es über Arnolds Lehrmeister Abaelard, mit dem zusammen er auf der Synode von Sens (1140)

verurteilt wurde, zu einem Zusammenstoß mit dem hl. Bernhard. Arnold ging schließlich nach Rom, wo er versuchte, gegenüber der päpstlichen Autorität die kommunale Autonomie durchzusetzen. In seinem Kampf gegen Opulenz und Korruption der römischen Kurie bediente er sich politischer Waffen und der Unterstützung des niederen Klerus und des Volkes; als ihn die Römer aus Furcht vor der möglichen politischen Radikalisierung fallen ließen, wurde er eingekerkert und hingerichtet. Trotz des tragischen Endes gelang es seinen Anhängern in Norditalien Gefolgsleute zu finden, die dann in anderen

Die Abtei Clairvaux in Frankreich, gegründet 1115; der hl. Bernhard war dort bis zu seinem Tod (1153) Abt.

Unten:
Innozenz III. und der hl. Benedikt auf einem Fresko des 13. Jh. (Subiaco, Sacro Speco).

häretischen oder nur rigoristischen Bewegungen wie den Humiliaten aufgingen.

Sie, die unter den im Dekretale *Ad abolendam* des Papstes Lucius III. (1184) verurteilten Häresien aufgezählt werden, lebten wie andere Bußbewegungen in einfacher Weise die evangelische Botschaft, aber ohne Ablehnung der Ehe; sie trugen Kleider aus grobem Stoff, sie unterstützten sich gegenseitig in der handwerklichen Arbeit und waren friedfertig. Ihre Predigt führte zum Konflikt mit den kirchlichen Institutionen, da sie angeklagt wurden, sich ein Recht anzumaßen, das Laien nicht zustand.

Unter Papst Innozenz III. (1198–1216) wurde erreicht, die Gemeinschaften der Humiliaten in einen religiösen Orden zu vereinen, der aus drei Gruppen bestand: Laien, freiwillige Zölibatäre, Kleriker. Dank

Ihres Rufs, fähige Wollarbeiter zu sein, wurden die Humiliaten zunehmend von Kommunen umworben und fanden dadurch Zugang zu öffentlichen Verwaltungen, erwirtschafteten so unabhängig von der Handarbeit Geld, mit der Folge, dass der Orden allmählich verfiel und schließlich erlosch.

Dolichozephaler Satan im Gemälde von Hans Memling (um 1434–1494); das teilweise sichtbare Motto auf dem Schriftband ist ein Zitat von Augustinus: »In inferno nulla est redemptio«: In der Hölle gibt es keine Erlösung.

Kleinere häretische Bewegungen

In dem berühmten Dekretale Ad abolendam *(1184) werden neben den bekannteren und weit verbreiteten Häresien der Waldenser und Katharer an Zahl und Verbreitung kleinere häretische Bewegungen verurteilt wie die Passaginer und die Josephinisten. Die Passaginer, die in Norditalien verbreitet waren, können als eine mittelalterliche Variante des antiken Judenchristentums gesehen werden. Sie vertraten die Meinung, dass sowohl die Gesetze des Neuen als auch die des Alten Testaments wortgetreu beachtet werden müssten, woraus sich die Verpflichtung der Beschneidung ergab, das Verbot, Fleisch von Ersticktem zu essen und die Beachtung des Sabbat als Feiertag; abgelehnt wurden das Schwören, die Gebete für die Verstorbenen, die Sakramente und die kirchlichen Institutionen und ebenso die Gottheit Christi und die Lehre von der Trinität. Über die Josephiner ist wenig bekannt, außer dass sie in der keuschen Ehe zwischen Maria und Joseph ein Vorbild sahen. Mehr Quellen sind über die Speronisten erhalten, die sich um den Juristen Hugo Speroni sammelten, der von 1164–1171 Konsul in Piacenza war. Im Unterschied zu anderen häretischen Bewegungen verkündeten die Speronisten keine Botschaft der Entsagung, sie bildeten auch nicht eine von der katholischen Kirche getrennte missionarische Bewegung,*

sondern vertraten eher eine innerliche Spiritualität, in der weder Riten noch ein Klerus Platz hatten; stattdessen mühten sie sich um ein vertieftes Vertrauen auf das Heil, das der unergründlichen göttlichen Gnade entspringe. Wie die Passaginer und die Josephinisten hatten auch die Speronisten keine große Anhängerschaft, weshalb auch sie in Laufe weniger Jahrzehnte der Vergessenheit gerieten.

Die Waldenser

- Der Bruch mit der römischen Kirche
- Entwicklung, Spaltungen und Verfolgungen
- Die Kirche der Waldenser heute

Die evangelische Lebensweise, das heißt, dem Evangelium wortgetreu zu folgen, wurde für den Lyoner Kaufmann Valdes zu einer fundamentalen Herausforderung. Seine Bekehrung, die in Armut und öffentlicher Predigt der Botschaft Christi ihren Ausdruck fand, zog Gläubige aus ganz Europa an, die, im Namen des reineren Christentums, alle ihre Güter hingaben. Da es sich meistens um Laien handelte, stellte sich die Frage der kirchlichen Erlaubnis zur Predigt. Nach dem Bruch mit den katholischen Institutionen nahmen die Waldenser Exkommunikation und Verfolgungen auf sich, traten schließlich in den Umkreis der Reformation ein und bildeten eine Kirche, die heute noch in Europa und Lateinamerika besteht.

Ausschnitt aus dem Bronze-Monument von Torre Pellice, Geschenk der Waldenser Südamerikas für ihre Glaubensbrüder in Piemont.

Unten: Folterwerkzeuge, Illustration der Geschichte der Inquisition im Mittelalter des amerikanischen Historikers Henry Charles Lea (1825–1909).

Wie bereits erwähnt, hatte in der 2. Hälfte des 11. Jahrhunderts die gregorianische Reform vielfache Erwartungen unter den Laien entstehen lassen. Mit der darauf folgenden Enttäuschung über die mangelnde Umsetzung blühten im 12. Jahrhundert verschiedene Armutsbewegungen auf, die unabhängig von oder gegen die kirchlichen Institutionen an die Tradition der apostolischen Lebensweise anzuknüpfen versuchten; am erfolgreichsten war das Waldensertum, die einzige häretische Bewegung des Mittelalters, die bis heute überlebt hat. Am Anfang steht ein reicher Kaufmann aus Lyon, der in den frühesten Quellen »Valdesius« genannt wird (deutsch Valdes oder Waldes), während ihm der Name Petrus erst ab dem 14. Jahrhundert gegeben wird; zu Beginn der 1170er Jahre hatte er seine Güter veräußert, die Familie der Fürsorge

eines Klosters anvertraut und begonnen, ein Leben der
Entsagung zu führen und Buße zu predigen gemäß der
evangelischen Mahnung:

> Wenn du vollkommen sein willst, geh, verkauf deinen Besitz
> und gib das Geld den Armen; so wirst du einen bleibenden
> Schatz im Himmel haben; dann komm und folge mir nach
> (Matthäus-Evangelium 19,21).

Valdes hat zwei Kleriker engagiert, einige Bücher der
Bibel und eine Reihe von Texten der Kirchenväter in die
Volkssprache zu übersetzen: Dieser Anspruch eines persönlichen Umgangs mit der Heiligen Schrift hat denn
auch die Vorgehensweise von Valdes von den anderen

Zwei unterschiedliche Gestalten eines religiösen Radikalismus

Der Häretiker Valdes und Franziskus der Heilige

Valdes von Lyon und Fran-
ziskus von Assisi, zwei
außerordentliche Gestal-
ten, aus der Blütezeit des
Mittelalters, haben radikale Lebensentscheidungen
getroffen, durch die sie
einander nahekommen;
zugleich unterscheiden
sie sich deutlich durch die
Beziehung, in der sie zur
römischen Kirche stehen.
Beide waren anfangs Pro-
tagonisten der wirtschaftlich aufstrebenden Welt der
Kaufleute, deren Tätigkeit
für gewöhnlich mit der Ge-
währung von Darlehen auf
Zinsen verbunden war, das
heißt mit dem missbilligten
Wucher, wodurch ihr Beruf

zu den nicht ehrbaren Tä-
tigkeiten gezählt wurde.
Beide entschieden sich an
einem gewissen Punkt für
die Aufgabe dieses Berufs
und stattdessen, ihre Güter

an die Armen zu verteilen;
sie wählten ein Leben in
Armut zu Gunsten der
Ausgestoßenen und wid-
meten sich der Predigt der
Botschaft des Evangeli-
ums. Aufgrund der gleich-
artigen Lebensentschei-
dung, die die beiden Per-
sönlichkeiten verbindet,
scheinen die Unterschiede
zwischen Valdes und Fran-
ziskus gering zu sein, sie
treten aber umso deutlicher
hervor in ihrer Auseinan-
dersetzung mit der Kirche
von Rom. Vor allem zeigte
Franziskus im Unterschied
zu Valdes immer seine Be-
reitschaft zu einer unbe-
dingten Unterwerfung un-

Wanderpredigern unterschieden. Nach einiger Zeit haben andere Laien sich mit ihm in der Bruderschaft der »Armen im Geiste« oder der »Armen von Lyon« verbunden. Sie zogen zu zweit umher und machten sich kenntlich durch schlichte Kleidung und Sandalen, die auf der Oberseite ein besonderes Zeichen trugen, wonach sie auch »Insabbatati« (»Sandalenträger«) genannt wurden.

Stich mit Porträtbüste von Valdes, reicher Kaufmann aus Lyon und Gründer der Waldenser

Der Bruch mit der römischen Kirche

In der Absicht, ihre eigene Rechtgläubigkeit anerkannt zu sehen, begaben sich einige Waldenser nach Rom, wäh-

ter die Hierarchie, und er hat nie, auch nicht wenn er auf Unverständnis stieß, sich auf einen göttlichen Gehorsam berufen, der sich über die kirchlichen Ordnungen hinwegsetzen müsse. Außerdem hat Franziskus, der besonders empfänglich war für den eucharistischen Kult, auch in dem ungebildetsten Priester immer die Hand gesehen, die den Leib Christi konsekriert. Auf diese Weise war er auch gegen einen gewissen Donatismus gefeit, der in den verschiedenen heterodoxen Bewegungen seiner Zeit, auch von einem Teil der Waldenser, vertreten wurde. Schließlich muss noch darauf hingewiesen werden, dass in der Zeitspanne von etwa 30 Jahren, die die beiden Personen trennt, sich vieles verändert hat, gerade auch hinsichtlich der Beziehung zwischen Papsttum und Armutsbewegungen. Während letztere zur Zeit von Valdes Verdacht erregt hatten und als gefährlich abgewiesen wurden, entschied Papst Innozenz III. sich für die Strategie, sie institutionell in die katholische Kirche einzugliedern und sie gerade auch in ihrer anti-häretischen Rolle aufzuwerten: eine Rolle, die ein Teil der Waldenser, die Humiliaten und schließlich die neu entstehenden Bettelorden übernahmen.

Porträt von Papst Alexander III. (Siena, Palazzo Pubblico).

Unten: Miniatur aus dem 13. Jh. mit Darstellung eines Wanderhändlers, der der Dame eine »kostbare Perle« anbietet; nach einigen Inquisitoren haben sich die waldensischen Prediger Zugang zu den Burgen und Herrenhäusern verschafft, um vor allem die Damen zu evangelisieren.

Seite gegenüber: Spinello Aretino (um 1345–1410), Szenen aus dem Leben des Papstes Alexander III., Detail aus der Darstellung des Lateran-Konzils (Siena, Palazzo Pubblico).

rend dort die kirchlichen Autoritäten zum III. Lateran-Konzil 1179 versammelt waren, und erbaten von Papst Alexander III. (1159–1181) die Approbation. Der englische Prälat Walter Map, beauftragt, die kleine Gruppe von Laien zu befragen, berichtet, dass er ihnen »ganz leichte Fragen« stellte, woraufhin sich zeigte, dass ihnen die Diskussionen der theologischen Schulen fremd waren, und sie offen gedemütigt wurden. Immerhin billigte der Papst mündlich das Gelübde der freiwilligen Armut, ohne ihnen aber die Predigt zu erlauben; zusätzlich bekräftigte Valdes auf einer Diözesansynode seine Rechtgläubigkeit durch ein Glaubensbekenntnis. Dennoch gerieten die Waldenser wegen ihrer Predigt gegen den korrupten Klerus und aufgrund der Beteiligung von Frauen daran in einen Konflikt mit dem Bischof von Lyon, Jean Bellesmains, der ihnen ihr Tun verbot und sie aus der Stadt vertrieb. Die Waldenser glaubten jedoch, unter Berufung auf die Schriftstelle »Man muss Gott mehr gehorchen als den Menschen« (Apostelgeschichte 5,29), sie bräuchten dem nicht nachzukommen, und so wurden sie wegen Ungehorsams gegenüber der *Auctoritas* (noch nicht der *Veritas*) zusammen mit anderen Gruppen 1184 von

Waldenser auf dem III. Lateran-Konzil

Das Zeugnis von Walter Map (um 1140 – um 1209), der am III. Lateran-Konzil als Repräsentant des englischen Königs Heinrich II. teilnahm und dort eine Gruppe waldensischer Laien befragte.

»Es wurden mir zwei Waldenser vorgeführt, um mit mir über den Glauben zu disputieren. ... Ich stellte zuerst ganz leichte Fragen, die jeder beantworten können muss, wohl wissend, dass, wenn ein Esel Disteln frisst, seine Lippen Salat verschmähen. »Glaubt ihr an Gott den Vater?« Sie antworteten: »Wir glauben.« »Und an den Sohn?« *Sie antworteten:* »Wir glauben.« »Und an den Heiligen Geist?« *Sie antworteten:* »Wir glauben.« *Ich fragte weiter:* »Und an die Mutter Christi?« *Und sie wiederum:* »Wir glauben.« *Da wurden sie von allen schallend ausgelacht, und sie zogen sich verstört zurück, und zwar mit Recht, da sie sich von niemandem anleiten ließen und doch anstrebten Lenker zu sein, gerade wie Phaeton, der nicht einmal die Namen seiner Rosse kannte. Diese Leute haben keinen festen Wohnsitz, sie ziehen jeweils zu zweit umher, barfuß* und in wollenem Gewand, sie besitzen nichts, sondern haben alles gemeinsam wie die Apostel, und sie folgen nackt dem nackten Christus nach.«

Walter Map, De nugis curialium, *Dist. I 31: De secta Valdesiorum, in: Enchiridion Fontium Valdensium, hrsg. von Giovanni Gonnet, Torre Pellice 1958, S. 121–124.*

Die Karte rechts zeigt die Orte, an denen am Ende des 12. und zu Beginn des 13. Jahrhunderts Waldenser anzutreffen waren.

○ *Zentren des Ursprungs der Waldenser*

● *Zentren der Ausbreitung der Waldenser*

✝ *Sitz eines Erzbischofs*

✝ *Bischofssitz*

Papst Lucius III. (Dekretale *Ad abolendam*) und dann vom IV. Lateran-Konzil (1215) als Häretiker exkommuniziert.

Als Reaktion drängte der radikale Flügel die Bewegung zu rigideren Positionen, was zur Ablehnung der Jurisdiktion durch kirchliche Autoritäten, des Eides und der Todesstrafe, des Fegefeuers und der Bittgebete zu Gunsten der Verstorbenen führte; und es wurden nur noch drei Sakramente anerkannt: Taufe, Buße und Eucharistie, die auch von Laien beiderlei Geschlechts gespendet werden könnten. Der Bruch mit der römischen Kirche war damit irreparabel. Eines der am häufigsten von den Predigern der Waldenser (die »barba«, d.h. »Onkel« genannt wurden, im Gegensatz zu den katholischen »padri«, »Vätern«) verwendeten Schlagworte bestand nun in der Botschaft, dass seit der Zeit des Papstes Silvester, die Kirche Christi in Ohnmacht liege; folglich könne man auch in den gegenwärtigen Päpsten nicht die Nachfolger des Petrus anerkennen, während hingegen die Waldenser sich von einem kleinen »Rest« von Gläubigen herleiten würden, die die ursprüngliche Botschaft Christi bis in die Zeit von Valdes bewahrt hätten.

Entwicklung, Spaltungen und Verfolgungen

Trotz der Exkommunikationen und der grausamen Verfolgungen verbreitete sich die Bewegung der »Armen im Geiste« in verschiedenen Regionen: Languedoc, Lombardei, Schweiz, Deutschland, Österreich, Spanien, Ungarn, Polen und Böhmen; und gegen Ende des 13. Jahrhunderts fanden viele Waldenser Zuflucht in den Cottischen Alpen. Bald aber entstanden Streitigkeiten, die so weit gingen, dass 1205 eine Gruppe von italienischen Waldensern, geführt von Johannes von Ronco, sich endgültig von den »Ultramontanen« (genannt auch »Leonisten« nach

Papst Silvester auf einem Fresko des 5. Jh. (Rom, Basilika San Paolo fuori le Mura)

Unten: Papst Nikolaus III., Miniatur eines Manuskripts des 16. Jh. von Vaticinii sui romani pontifici de Joachim von Fiore (Vatikanstadt, Biblioteca Apostolica Vaticana).

Eine häretische Bewegung in gelehrten Kreisen

Die Amalrikaner

Während des IV. Lateran-Konzils (1215) wurde zusammen mit der Verurteilung der Waldenser, der Katharer und einiger Lehren des Abtes Joachim von Fiore (1145–1202) auch die Häresie des Theologen Amalrich von Bena zensiert, der vor allem unter den gelehrten Klerikern an der Universität von Paris Anhänger hatte; einigen von ihnen war schon 1210 der Prozess gemacht worden, sie wurden degradiert und eingekerkert, während der Leichnam ihres Lehrmeisters exhumiert und in nicht geweihter Erde verscharrt wurde. Amalrich hatte sich auf die prophetischen Lehren des Joachim von Fiore bezogen und behauptet, dass nun, nach dem Ende des Zeitalters des Vaters und des Sohnes, das des Heiligen Geistes begonnen habe. Jetzt habe der Mensch, erfüllt vom Geist und ermächtigt, sich selbst und die ganze Schöpfung mit Gott zu identifizieren, mit seiner eigenen Sündlosigkeit auch die Nutzlosigkeit der Sakramente, der Formen des Kults und jeder menschlichen Vermittlung erkannt; in Gewissheit des bevorstehenden Endes der Zeiten wurde der Gläubige zur vertrauensvollen Hingabe an Gott aufgefordert.

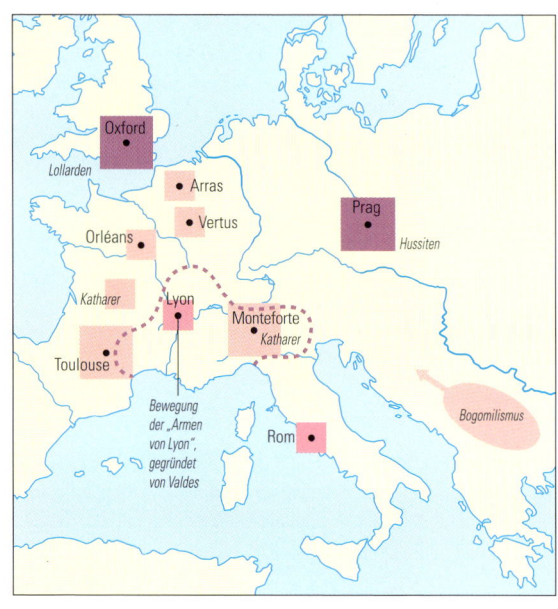

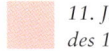
Häretische Bewegungen

11. Jh. und 1. Hälfte
des 12. Jh.

2. Hälfte des 12. Jh.

13.–15. Jh.

Gebiet mit starker
Verbreitung der
Waldenser

*Rechts: Hl. Dominikus
und hl. Franziskus auf
einer Miniatur eines mit-
telalterlichen Psalteriums
(New York, Pierpont
Morgan Library).*

Lyon), trennte; aus dieser Gruppe gingen die »lombardischen Armen« hervor. Sie vertraten, wohl beeinflusst von den Humiliaten, die Meinung, dass man sich auch durch Arbeit heiligen könne, was eine Absage an die Forderung nach absoluter Armut bedeutete, und ihnen zufolge konnten auch die Diener den Vorsitz beim heiligen Abendmahl einnehmen; außerdem hatten die »Lombarden« mit Johannes von Ronco ein Oberhaupt gewählt, während Valdes keinen Leiter der Bewegung akzeptierte außer Jesus Christus. Im Jahr 1208 haben andere Waldenser, geführt vom spanischen Kleriker Durandus von Huesca, der sich besonders in der Polemik gegen die Katharer hervortat, die Einladung von Papst Innozenz III. angenommen, in den Schoß der Kirche von Rom zurückzukehren, und sich im Orden der »Katholischen Armen« zusammengeschlossen; zwei Jahre später folgte ihnen Bernhard Prim mit seinen »Wiederversöhnten Armen«. Den beiden Gruppen gelang es jedoch nicht, der Konkurrenz, die ihnen aus den neuen Bettelorden der »Pre-

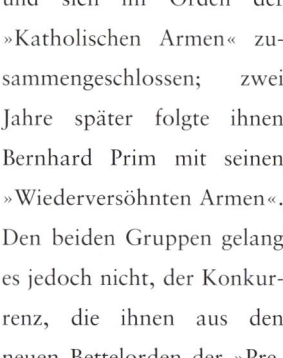

52

digerbrüder« (Dominikaner) und der »Minderbrüder« (Franziskaner) erstand, zu verkraften, so dass sie schon nach einigen Jahrzehnten in anderen Orden aufgingen. Seit der 2. Hälfte des 14. Jahrhunderts suchten zahlreiche Waldenser in Apulien und Kalabrien Schutz, aber sie wurden auch dort verfolgt, 1561 wurde die Gemeinde in Kalabrien ausgelöscht. Zu Beginn des 15. Jahrhunderts begannen die Waldenser in Deutschland in die böhmischen Länder zu emigrieren, wo sich Formen enger Zusammenarbeit mit den Hussiten entwickelten.

Mit der Synode von Chanforan (1532) schlossen sich die Anhänger des Valdes dem calvinistischen Zweig der Reformation an; sie wurden auch deshalb aufgenommen, weil sie als ihre Vorläufer betrachtet wurden. Tatsächlich hatten die Waldenser die zentrale Bedeutung der Schrift und von Christus vorweggenommen, sie mussten dann aber von den Reformatoren die Theologie der Rechtfertigung aus Gnade durch den Glauben

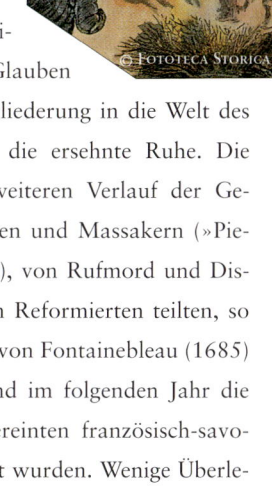

Aquarellierter Stich mit Darstellung eines Buchverkäufers, der angeklagt wurde, Waldenser zu sein und mit 2 Bibeln um den Hals verbrannt wurde.

annehmen. Aber auch die Eingliederung in die Welt des Protestantismus brachte nicht die ersehnte Ruhe. Die Waldenser wurden auch im weiteren Verlauf der Geschichte Opfer von Verfolgungen und Massakern (»Piemontesische Ostern« von 1655), von Rufmord und Diskriminierungen, die sie mit den Reformierten teilten, so als Ludwig XIV. mit dem Edikt von Fontainebleau (1685) die Religionsfreiheit aufhob und im folgenden Jahr die Waldenser im Piemont von vereinten französisch-savoyardischen Truppen massakriert wurden. Wenige Überle-

Aquarellierter Stich aus der Allgemeinen Geschichte der evangelischen Kirchen (1669) von Jean Léger mit Darstellung von waldensischen Frauen, die bei den »Piemontesischen Ostern« auf dem Scheiterhaufen verbrannt wurden.

Unten: Druck aus der 1. Hälfte des 19. Jh. mit Darstellung des Gotteshauses der Waldenser in Torre Pellice im Piemont.

Seite gegenüber: Bernard Gui im Film Der Name der Rose (1986) von Jean-Jacques Annaud, dargestellt von Fahrid Murray Abraham, frei gestaltet nach der historischen Person.

bende konnten in die Schweiz emigrieren und nach drei Jahren in die Heimat zurückkehren nach einem kräftezehrenden Marsch über die Alpen (»Glorieuse Rentrée«, »Glorreiche Rückkehr«) unter der Führung des Pfarrers Henri Arnaud; aber erst 1848 wurden ihnen von König Karl Albert die gleichen Rechte zugestanden wie den anderen Untertanen (»Lettere Patenti«, »Patentbriefe«).

Die Kirche der Waldenser heute

Heute sind die Waldenser mit den Methodisten vereinigt (Vereinigungsbeschluss von 1979), sie haben eine presbyterianisch-synodale Verfassung, wonach die gewählten Presbyter, sowohl Männer als auch Frauen, die Gemeinden leiten und einige die Aufgabe haben zu lehren und zu predigen (Pastoren). Die Waldenserkirche wird geleitet von Deputierten der einzelnen Gemeinden, die jährlich zur Synode von Torre Pellice (Provinz Turin) zusammenkommen, sie hat etwa 45 000 Mitglieder, von denen 25 000 in Piemont leben, während eine weitere wichtige Gemeinde in Lateinamerika besteht; auch heute tendiert sie zur Ablehnung der Reliquien und Bildnisse, sie

akzeptiert die Ehe der Pastoren und die Kommunion unter beiden Gestalten.

Bernard Gui gegen die Waldenser

Bernard Gui, geboren 1261 in Royère in Frankreich, trat in jungen Jahren in den Dominikanerorden ein und übte dort mehrere Ämter aus. Er war Prior verschiedener Konvente und Inquisitor in Toulouse; 1323 wurde er zum Bischof in Spanien und dann im Languedoc ernannt. Er starb 1331.

© M. Tursi / Archivio Storico del Cinema / AFE

»Man muss erwähnen, dass es sehr schwierig ist, Waldenser zu verhören und zu befragen, um von ihnen die Wahrheit über ihre Irrlehren zu erhalten. Vor allem ist diese Verhaltensweise bei ihnen üblich: Wenn einer von ihnen festgenommen wurde und zum Verhör gebracht wird, kommt er, als ob er keine Angst hätte, sich nichts Bösem bewusst und unbekümmert wäre. Gefragt, ob er wisse, warum er festgenommen worden sei, antwortet er sehr freundlich und mit leichtem Lächeln: Herr, gerne würde ich von Euch den Grund erfahren. *Auf die Frage nach dem Glauben, den er hat, antwortet er:* Ich glaube alles, was ein guter Christ glauben soll. *Auf die Frage, wie er für einen guten Christen halte, antwortet er:* Den, der so glaubt, wie die heilige Kirche fest zu glauben lehrt. – *Auf die Frage, welche Kirche er die heilige nenne, antwortet er:* Herr, die Ihr so nennt und von der Ihr glaubt, dass sie die heilige Kirche ist. – *Wenn man zu ihm sagt:* Ich glaube, dass die heilige Kirche die römische Kirche ist, an deren Spitze der Papst und unter ihm die anderen kirchlichen Würdenträger stehen, *antwortet er:* Auch ich glaube es, *und er meint damit, dass er glaubt, dass ich (nämlich der verhörende Inquisitor) es glaube.* – *Gefragt, ob er glaube, dass das Brot und der Wein während der Messe bei den Worten des Priesters durch göttliche Kraft in den Leib und das Blut Christi verwandelt würden, antwortet er:* Sollte ich dies nicht fest glauben? *Wenn man aber weiter fragt und zu ihm sagt:* Ich frage nicht, was du glauben sollst, sondern ob du es glaubst, *antwortet er:* Ich glaube alles, was Ihr und was die anderen guten Lehrer mir zu glauben befehlen.«

Das Buch der Inquisition. Das Originalhandbuch des Inquisitors Bernard Gui, eingeführt und hrsg. von Petra Seifert, übers. aus dem Lateinischen von Manfred Pawlik, Pattloch, 1999, S. 138 f.

Die Katharer

- Ungewisse Anfänge der Bewegung
- Das dualistische Credo der Katharer
- Das moralische und religiöse Leben

- Letzte Erschütterungen und Untergang

Der Katharismus ist die mittelalterliche Häresie, die die katholische Kirche am meisten beunruhigt hat. Sowohl durch ihre Lehre als auch durch den Aufbau einer Hierarchie haben die katharischen Gemeinden versucht, sich als die wahre und einzige Kirche darzustellen, die an die Stelle der römischen treten sollte. Die Angst, die diese neue Form der Häresie hervorrief, führte die kirchlichen Autoritäten dazu, diesen »Manichäismus« mit einem Kreuzzug und unter Einsatz inquisitorischer Mittel zu bekämpfen. Da die Katharer nach nur zwei Jahrhunderten untergingen, haben sie wenige Spuren hinterlassen, weshalb ihre Größe und kulturelle Bedeutung auch heute noch Gegenstand lebhafter Diskussionen sind.

Um 1143 sandte der Propst der Prämonstratenser Ever-win von Steinfeld einen Brief an den hl. Bernhard von Clairvaux, um ihm von einem Vorfall zu berichten. In Köln waren zwei Häretiker entdeckt worden, die sich in einer öffentlichen Versammlung dem Erzbischof entge-gengestellt hatten und die ihre Hinrichtung durch das Feuer »nicht nur in Geduld ertragen, sondern in Freude auf sich genommen« hatten. Sie behaupteten, sie würden der einzigen wahren Kirche Christi angehören und stünden in der Nachfolge des apostolischen Lebens; sie nahmen keine Lebens-mittel zu sich, die das Produkt eines Zeugungs-vorgangs sind, sie verwarfen die Ehe, tauften durch Handauflegung »im Geist und im Feuer« und sie gliederten sich in Hörer, Gläu-bige und Erwählte. Es ist dies das erste Zeugnis, dass diese heterodoxe Bewegung, die wenig spä-ter Katharismus genannt wird, im Abendland

Luftbild der Stadt Carcassonne im fran-zösischen Languedoc, eines der bedeutendsten Zentren der Katharer.

Links: Hölzerner Engel aus dem letzten Drittel des 13. Jh. (Paris, Louvre).

57

Bernhard von Clairvaux auf einem Gemälde von Jean Fouquet (um 1420–1480), Ausschnitt (Chantilly, Musée Condé).

Unten: Fensterläden der Burg Lavaur, bemalt mit den Figuren von Guiraude de Laurac-Lavaur zwischen zwei Kreuzrittern. Lavaur, katharischer Bischofssitz, wurde belagert und erobert von Simon von Montfort; die Stadt wurde verteidigt von Aimery de Roquefort-Montréal, Bruder von Guiraude; die Chroniken berichten, dass Lavaur am 3. Mai 1211 von den Kreuzzüglern des Simon von Montfort eingenommen wurde; Guiraude wurde gefangen genommen, in einen Brunnen geworfen und darin gesteinigt.

Fuß gefasst hatte. »Katharer« (vom griechischen *katharós*, rein) ist allerdings eine Bezeichnung, die von ihnen selbst nie verwendet wurde, ebenso wenig wie »Albigenser« (nach der Stadt Albi), »Weber« (ein unter mittelalterlichen Häretikern weit verbreiteter Beruf, auch wegen der damit verbundenen Möglichkeit des Ortswechsels), »Bulgaren« (wegen ihrer Verbindung mit den Bogomilen) oder »Manichäer« (wegen des betonten Dualismus). Wie für andere häretische Gruppen gilt also auch für die Katharer, dass sie mit dem Namen in die Geschichte eingegangen sind, der ihnen von den Gegnern zugeteilt wurde, sie selbst bezeichneten sich als *boni homines* (»bonshommes«, »gute Menschen«,) oder *boni Christiani* (»gute Christen«).

Ungewisse Anfänge der Bewegung

Ein Merkmal des Katharismus, das im Vergleich mit allen vorherigen Häresien außergewöhnlich erscheint, ist die Unkenntnis des Gründers bzw. des Gebiets oder der Zeit des Ursprungs. Befremdet von der Unmöglichkeit, ein solches Phänomen genauer zu bestimmen, blieb den mittelalterlichen Theologen nichts anderes, als in den Texten der Kirchenväter über die früheren Häresien Hilfe zu suchen, wie es der Benediktiner Eckbert von Schönau unternahm, der in seinen *Sermones contra Catharos* (1163) sich reichlich der Werke des hl. Augustinus bedient, um seine Wissenslücken zu schließen. Wenn auch der Brief des Everwin von Steinfeld (von 1143) als das erste Dokument gilt, das von der Anwesenheit von Katharern berichtet, bedeutet das jedoch nicht, dass der Katharismus erst kurz zuvor aufgetreten war. Denn schon 1167 haben sich in Saint Félix im Lauragais, einem Dorf im Languedoc, die Repräsentanten der Katharer-Gemeinden von Italien und Frankreich zu einem regelrechten Konzil unter der Leitung eines gewissen Niketas aus Konstantinopel zusammengefunden; auf diesem Konzil wurden weitere Verantwortliche, »Bischöfe«, gewählt und Grenzen der entsprechenden Diözesen genauer festgelegt. Damit offenbart der Katharismus eine Besonderheit, die ihn von den anderen heterodoxen mittelalterlichen Bewegungen unterscheidet: nicht die Reform der katholischen Kirche, sondern ihre Ersetzung war der Anspruch; von Anfang an wollte er sich als eine Gegen-Kirche aufbauen, mit einer eigenen Hierarchie, gebildet aus Bischöfen,

Tour Régine, eine der vier katharischen Burgen von Lastours (die anderen waren Cabaret, Surdespine und Quertinheux) nördlich von Carcassonne.

Die Stadt Béziers, die erste Stadt, die von den zur Niederwerfung der katharischen Häresie ausgesandten Kreuzzüglern zerstört wurde.

Seite gegenüber: Katharer-Denkmal bei Minerve in der Region Rousillon.

»großen« und »kleinen Söhnen« (Helfer und Nachfolger des Bischofs) und Diakonen; gleichzeitig war er imstande, eine territoriale Aufteilung vorzunehmen und eigene Dogmen, Riten und Regeln aufzustellen. Der Katharismus sollte im Süden Frankreichs und im Norden Italiens den fruchtbarsten Boden für seine Verbreitung finden. Aufgrund einer Kombination aus Fragmentierung der politischen Macht, religiöser Indifferenz und eines tief verwurzelten Anti-Klerikalismus kam es im Languedoc des 12. und 13. Jahrhunderts zum Bündnis zwischen den Herren zahlreicher befestigter Dörfer und den »Vollkommenen«

Eine gänzlich fiktive Verbindung

Katharismus und Manichäismus

Beginnend mit den ersten Zeugnissen über das Auftreten des Katharismus bis zu den historisch-theologischen Untersuchungen des 19. Jahrhunderts schien eines sicher: Der Katharismus war auf den Manichäismus der Antike zurückzuführen, der durch die Vermittlung der Paulikianer und Bogomilen in den Westen gelangt sei.
Es dauerte bis in die Mitte des 19. Jahrhunderts, dass diese Verbindung in Zweifel gezogen wurde; Ausschlag gebend dafür war das 1849 erschienene Buch Histoire et doctrine de la secte des Cathares ou Albigeois, *ein Werk des lutheranischen Theologen Charles Schmidt; im Licht der neueren Studien sowohl über den Manichäismus als auch über den Katharismus erweist sich diese Verbindung tatsächlich als fiktiv.*
Die Gründe, die gegen eine Verwandtschaft der beiden religiösen Formen sprechen, *sind vielfältig: Während im Manichäismus die Gestalt von Mani von zentraler Bedeutung war – das Hauptfest war der Gedenktag des Todes des Propheten –, hat kein Katharer jemals den eigenen Glauben auf den persischen Propheten bezogen, ein solcher Bezug wurde nur von der Gegen-*

(wie die Inquisitoren jene Katharer bezeichneten, die das Gelübde der Entsagung abgelegt hatten, predigten und das Sakrament des *Consolamentum* verwalteten). Im Italien der Kommunen gelang es den Katharern hingegen, in den politischen Machtspielen im Kampf um die kommunale Autonomie gegenüber der Kir-

seite behauptet, und zwar hauptsächlich aufgrund der Lektüre der antimanichäischen Werke des hl. Augustinus; der manichäische Dualismus bezog sich sowohl auf den Kosmos als auch auf den göttlichen Bereich, im Unterschied zu dem Dualismus der Katharer, der vor allem kosmologisch war und nur für einige Gemeinden auch theologische Relevanz erhielt; die Manichäer verwendeten die heiligen Texte und die Hymnen, die ihr Prophet verfasst hatte, während der einzige Text, den die Katharer als heilig betrachteten, die Bibel war,

und ihr einziges Gebet das Vater unser war; im Katharismus gibt es keinerlei Erwähnung der komplexen manichäischen Kosmologie, auch keinen Hinweis auf die Entwicklung der Bildkunst und der Musik, die für den Manichäismus von zentraler Bedeutung waren; dank der modernen Studien erscheint der Manichäismus weniger als Häresie, sondern gewinnt immer stärker das Profil einer eigenständigen Religion, im Unterschied zum Katharismus, dessen Verortung im abendländischen Christentum die Forschung immer stärker herausstellt,

trotz der Beziehungen mit dem östlichen Bogomilismus; der Manichäismus hat eine starke gnostische Prägung, während im Katharismus es nicht die Erkenntnis war, die erlöst, sondern allein der Ritus des Consolamentum; *schließlich hatte das Essen für die Katharer keine Bedeutung für die Erlösung, und ihre Ablehnung bestimmter Speisen und des Geschlechtsverkehrs kann in einer Askese begründet sein, die sowohl auf einem rigiden Evangelismus als auch auf einem bogomilischen Beitrag beruhen kann.*

Fresko von Gea Baussano mit Darstellung von gelfischen und gibellinischen Rittern, die sich gegenüber stehen (Asti, Sala Consiliare).

Unten: Mittelalterliche Malerei mit Darstellung von Dante und Vergil, die Farinata degli Uberti im Höllenkreis der Häretiker antreffen.

Seite gegenüber: Miniatur mit Darstellung des berühmten Trobador Bernart de Ventadour, der seine Lieder an den namhaftesten Höfen seiner Zeit vortrug.

che mitzumischen, mit der Folge, dass der Schutz der Häretiker vor der päpstlichen Inquisition auch der Verteidigung der kommunalen Freiheit diente. Es war demnach kein Zufall, wenn die italienischen Katharer im Kampf zwischen Guelfen und Ghibellinen letztere unterstützten, wie jenen Farinata degli Uberti, Befehlshaber der Ghibellinen in der Schlacht von Montaperti (1260), der posthum wegen Häresie verurteilt wurde und auch in Dantes Inferno unter den Häretikern erscheint.

Es ist nicht einfach, die Lehren der Katharer zu rekonstruieren, denn gegenüber den zahlreichen überlieferten Dokumenten der Gegenseite, die aus polemischen Texten und Registern der Inquisition bestehen, sind nur wenige von ihnen verfasste Werke erhalten. Es handelt sich dabei

Ein vorgeblicher Zusammenhang, der erst im 20. Jahrhundert widerlegt wurde

Trobadors und Katharer

Es besteht kein Zweifel, dass in den befestigten Dörfern (Castra) *des französischen Midi der Adel Beziehungen sowohl mit den Trobadors als auch mit den Vollkommenen der Katharer unterhielt, aber ab der Mitte des 19. Jahrhunderts wollte man auch eine geheime Verbindung zwischen der Dichtung der Trobadors und den Lehren der Katharer aufdecken. 1858 hat der Rosenkreuzer Eugène Aroux (1773–1859) das Werk* Les mystères de la chevalerie et de l'amour platonique au moyen âge *veröffentlicht, in dem die vorgebliche Geheimsprache der Trobadors enthüllt wird, wonach die Dame des Dichters für das Gebiet der pastoralen Tätigkeit der Katharer stünde, der Gatte wäre der katholische Kleriker, und der Liebhaber würde dem vollkommenen Katharer entsprechen. Diese Interpretation wird von Joséphin Péladan (1859–1918) mit* Le secret des Troubadours *(1906) und vor allem in* Kreuzzug *gegen den Gral (1933) von Otto Rahn (1904–1938) aufgegriffen, für den die Trobadors in Wirklichkeit Katharer waren, die in der scheinbaren Suche nach irdischer Liebe die erregte Erwartung der spirituellen Erlösung tarnten, die vom* Consolamentum *verliehen wird. Seit der 2. Hälfte des 20. Jahrhunderts haben jedoch mehrere Gelehrte diese These als Konstrukt verworfen; es stimmt zwar, dass einige Trobadors (beispielsweise Guilhem de Durfort, Raimon Jordan, Peire Rogier de Mirepoix) katharische Gläubige waren, es konnte aber gezeigt werden, dass es in ihren Werken keine Spur von ausgesprochen katharischer religiöser Ideen gibt. Statt dessen ist festzuhalten, dass mit der Entfesselung des Albigenser-Kreuzzugs Katharer und Trobadors, die in den gleichen Gebieten leb-* ten und die gleichen Schutzherren hatten, mit demselben Feind konfrontiert wurden. Wenn aus dem einen oder anderen Zeugnis der Inquisition der Eindruck entsteht, dass auch die Katharer die Sirventes *(Scheltlieder) der*

antiklerikalen Dichter rezitiert haben, so muss darauf hingewiesen werden, dass die Polemik dieser Dichtung nicht Ausdruck eines vom Katholizismus unterschiedenen Glaubens war und auch nicht der Verteidigung der Katharer diente, sondern dass die Dichter ihre Länder oder ihre Herren vor dem gemeinsamen Feind, vor den französischen Kreuzzüglern und den »römischen« Klerikern, schützen wollten.

Letztes Abendmahl, byzantinisches Fresko des 13. Jh. in der Kirche des hl. Klemens in Ochrid in Mazedonien.

Unten: Die Hölle, Relief im Tympanon des West-portals der Abteikirche Sainte-Foix in Conques, Südfrankreich (11. Jh.)

um drei Fragmente des Rituals des *Consolamentum*, um den philosophischen Text *Liber de duobus principiis*, um eine Abhandlung, die in ein Werk des ehemaligen Wal-densers Durandus von Huesca gegen die Katharer einge-fügt ist, und schließlich um zwei kurze ekklesiologische Texte. Wir wissen außerdem, dass in den Katharer-Gemeinden einige apokryphe Texte gelesen wurden wie die *Interrogatio Iohannis* (eine bogomilische Schrift über den Dialog zwischen dem Apostel Johannes und Jesus Christus während des Letzten Abendmahls und die *Visio Isaiae* (ein judenchristlicher Text, in dem vom Aufstieg des Propheten durch die himmlischen Sphären bis vor den Thron Gottes berichtet wird).

Das dualistische Credo der Katharer

Ein weiterer Grund, warum die Glaubens-lehre der Katharer schwer zu rekonstruie-ren ist, besteht in der Tatsache, dass sie sich

in viele Kirchen gliederten, die meist voneinander unabhängig waren, so dass nicht überall das gleiche, einheitli-
che Lehrsystem zu finden ist. Unter dieser Voraussetzung
kann man allerdings festhalten, dass alle Gemeinden der
Katharer sich auf ein unhinterfragtes Dogma gründeten:
Die materielle Welt ist nur die grobe Kopie einer himmlischen, aus der der Mensch stammt, und sie ist das wirk-
liche Inferno, im Unterschied zu jener himmlischen Welt,
in der alles gut, schön und wahr ist. Einige katharische

Carcassonne, der Aufstieg zur »Porte d'Aude« mit dem Gerichtsturm und, im Hintergrund, der Burg.

Gemeinden wandten diesen Dualismus
auf das gesamte Dasein an und formulierten eine doppelte Reihe von Propheten,
eine doppelte Gestalt Christi und schließlich ein doppeltes erstes Prinzip. Deshalb
haben die Historiker den Katharismus in
eine gemäßigte und eine radikale Strömungen unterteilt; sie wollten damit
unterstreichen, dass es bezüglich der Ein-
zigkeit (gemäßigter Katharismus) oder
Doppeltheit (radikaler Katharismus) des

ersten Prinzips kein einheitliches Credo gegeben hat. Was
die Menschen des Mittelalters in besonderer Weise
bestürzt hat, war gerade der radikale Dualismus: Ausgehend von der Stelle des Evangeliums »Ein guter Baum
kann keine schlechten Früchte hervorbringen« (Matthäus
7,18), setzte dieser Dualismus einem guten Gott, dem
Schöpfer der geistigen Welt und Urheber des Neuen Testaments, ein zweites Prinzip entgegen, den bösen Gott des
Alten Testaments, Urheber dieser verdorbenen Welt, des
Bösen und der Verkommenheit der Menschheit. Nicht
zufällig hielten die zeitgenössischen Theologen die Katharer für wiedererstandene Manichäer, und bis heute haben

Seite gegenüber, oben:
Geburt Christi des
»Maestro delle Vele«, eines
Mitarbeiters von Giotto
(Assisi, Unterkirche)

Von der Grafschaft
von Toulouse ab-
hängige Herrschaften

Aragonesische
und provençalische
Herrschaften

Andere Fürstentümer

Historiker im Katharismus eine Häresie gesehen, die ihre Wurzeln in der antiken Religion von Mani hat.

Verbreitete Lehre in den Gemeinden der Katharer war auch der Glaube, dass der Mensch sich auf Grund eines Falles, der in einer uranfänglichen Zeit stattgefunden hat, in dieser Welt befindet, während sein ursprüngliches Wesen das eines Engels gewesen ist, der aus den drei Elementen des Geist, dem himmliche Körper und der Seele bestand. Die ersten beiden blieben im Himmel zurück, in Erwartung, sich wieder mit der Seele zu verbinden, die im fleischlichen, vom Satan geschaffenen Körper gefangen

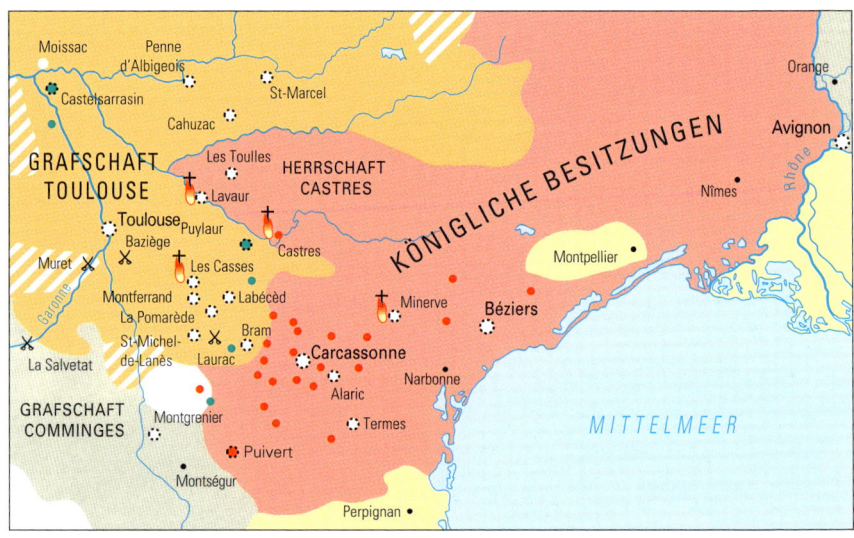

Von den Kreuz-
züglern belagerte
Städte und Burgen

Scheiterhaufen

Schlachten

Stadtherrschaften unter der
Kontrolle der Kreuzzügler

• *bis 1229*

• *behauptet nach 1229*

ist. Christus wird als ein Engel betrachtet, der der Natur untergeordnet ist und auf die Erde geschickt wurde zur Erlösung der Brüder, der aber nicht wirklich Fleisch angenommen und auch nicht wirklich gelitten hat.

Das moralische und religiöse Leben

Das Heil, bestehend in der erneuten Zusammensetzung

dieser Teile, wurde nur mittels der einzig wahren Taufe für möglich gehalten: sie erfolgte durch das *Consolamentum*, durch welches dem Gläubigen der Heilige Geist übertragen wurde. Zum Abschluss einer Zeit der katechetischen Vorbereitung hat der »Novize« sich verpflichtet, als wahrer Christ zu leben, dann empfing er die Auflegung der Hände und des Evangeliums durch den Bischof oder den Ältesten. Von diesem Augenblick an hat der »konsolierte« Katharer die Verpflichtung übernommen, zehn Mal täglich das Gebet

Unten:
Mittelalterliche Medaille

Die Geschichte des Armanno Pungilupo

Ein Häretiker in falschem Gewand

Ein Aufsehen erregender Fall, in dem die Mimikry eines Häretikers die klaren Unterscheidungen zwischen Heiligkeit und Häresie unterlaufen und in der Folge zu einem harten und lange dauernden innerkirchlichen Streit geführt hat, ereignete sich in Ferrara mit dem Laien Armanno Pungilupo als Hauptfigur. Er galt zu Lebzeiten als ein frommer Gefolgsmann der Gebote der Kirche; gleich nach seinem Tod 1269 wurde sein Leichnam mit allen Ehren in der Kathedrale von Ferrara bestattet, und das Grab wurde Ziel großer Wallfahrten. Sogleich verbreitete sich die Kunde von Wundern, die auf seine Fürbitte hin erfolgt waren, aber eine Nachforschung der Inquisition deckte auf, dass Armanno zu verschiedenen häretischen Gruppen Verbindungen gehabt hatte, worauf die Domherren der Kathedrale die Aufforderung erhielten, den Leichnam zu exhumieren und aus dem Grab zu entfernen. Diese waren jedoch so sehr von der Heiligkeit Pungilupos überzeugt, die durch die Verehrung des Volkes und die Wunder bestätigt wurde, dass sie den Gehorsam verweigerten, was ihnen die Exkommunikation eintrug. Obwohl die Domherren einen Appell an den Papst richteten, erfolgte schließlich die Damnatio memoriae von Armanno, allerdings erst 1301, also gut 32 Jahre nach seinem Tod.

des Vaterunser zu rezitieren: Es wurde als das einzig wahre Gebet angesehen, weil es als der Gesang galt, der im Himmel vor dem Fall der Engelscharen angestimmt worden war, und es unterschied sich vom katholischen Text durch die Ersetzung des Begriffs

Jean-Paul Laurens (1838–1921), Der Agitator des Languedoc (Toulouse, Musée des Augustins); es handelt sich um den Franziskaner-Frater Bernard Délicieux (1260–1320), der verurteilt wurde, weil er die Franziskaner-Spiritualen verteidigt und die Missbräuche der Inquisition der Dominikaner angeklagt hatte.

Unten: Seite aus einem katharischen Rituale in Okzitanisch, dem alten Provencalisch, das im Languedoc gesprochen wurde (Lyon, Bibliothèque Municipale).

quotidianum (»täglich«) durch *supersubstantialem* (»über jede Substanz erhaben«) und die Hinzufügung der abschließenden Doxologie: *quoniam tuum est regnum et virtus et gloria* (denn Dein ist das Reich, die Kraft und die Herrlichkeit).

Den »konsolierten« Katharern wurde sexuelle Enthaltsamkeit und diätetische Lebensführung auferlegt, ebenso die Ablehnung des Eides und der Tötung von Menschen und Tieren, auch wenn sie von den weltlichen oder kirchlichen Autoritäten angeordnet war. Gerade diese Askese, öffentlich bezeugt durch Blässe und schwarze Kleidung, bewirkte gegenüber den »Vollkommenen« ein Vertrauen seitens der »Gläubigen«, die, oft unter Einsatz des Lebens, ihre Predigten hörten und sie in den Momenten der Not unterstützten. Für die einfachen Gläubigen, deren Lebensweise sich nicht grundle-

gend von der der Katholiken unterschied, gab es ein »Versprechen« (auf okzitanisch *convenenza*), dass ihnen, wenn sie bei unmittelbar bevorstehendem Tod nicht in der Lage wären zu sprechen, dennoch das *Consolamentum* gespendet werde. Wenn ein Gläubiger einem Vollkommenen begegnete, erbat er seinen Segen und warf sich zum Zeichen der Ehrerbietung wiederholt auf die Knie (Ritus des *Melioramentum*, in den Akten der Inquisitoren *Adoratio* genannt). Weitere wichtige Momente waren das Brechen und das Austeilen des gesegneten Brotes und eine monatliche Versammlung, genannt *Apparellamentum*, in der die Vollkommenen sich gegenseitig ihre Sünden bekannten.

Idealvedute Roms von Giovanni da Udine (1487–1564) aus der Compilatio Totius Bibliae (Vatikanstadt, Biblioteca Apostolica Vaticana).

Letzte Erschütterungen und Untergang

Angesichts der Bedrohlichkeit der Katharer hat man auf kirchlicher Seite alle Mittel eingesetzt, um den Kampf zu gewinnen: zuerst die Gegen-Predigt, dann wurde ein regelrechter Kreuzzug geführt (1209–1229), und schließlich die Inquisition geschaffen. Dieser Druck nötigte viele Katharer im Süden Frankreichs zu ihrem Exodus; sie wandten sich entweder nach Italien, wo einige sich in den Tälern des Piemont niederließen und dabei mit den Waldensern in Berührung kamen, während andere in der Nähe von Mailand oder Verona Fuß fassten, oder sie zogen in die unzugänglichen Gebiete der Pyrenäen, wo die Bergfestung von Montségur Berühmtheit erlangte. Ihr Fall 1244 mit dem anschließenden Feuertod von etwa 200 Katharern und die Verurteilung des letzten Vollkommenen Guillaume Bélibaste (1321) bedeuteten das Ende des Katharismus. Mit der

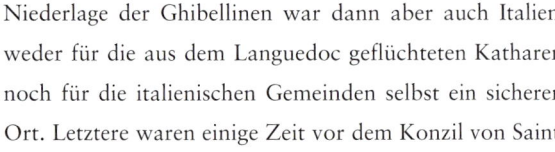

Niederlage der Ghibellinen war dann aber auch Italien weder für die aus dem Languedoc geflüchteten Katharer noch für die italienischen Gemeinden selbst ein sicherer Ort. Letztere waren einige Zeit vor dem Konzil von Saint Félix im Lauragais durch das Wirken eines langobardischen Totengräbers namens Markus entstanden, den ein französischer Notar bekehrt hatte und der vom Popen Niketas zum einzigen Bischof der italienischen Katharer geweiht worden war. Gegenseitige Verdächtigungen, aber auch unterschiedliche theologische Ansichten führten bald zur Teilung der italienischen Katharer in sechs Kirchen, die sich auf teilweise unterschiedliche Lehren und Obödienzen bezogen: die Kirche von Concorezzo (Mailand), von Desenzano (Garda-See) von Mantua-Bagnolo, von Vicenza und Marca Trevigiana, von Florenz und vom Valle Spoletana. In der 2. Hälfte des 13. Jahrhunderts wurden die italienischen Katharer-Gemeinden durch das Vorgehen der Inquisition dezimiert, und sie waren gezwungen, in einsamen Gegenden Zuflucht zu suchen, wo schon andere Gemeinden von Verfolgten wohnten, wie in den Cottischen Alpen. Hier überlebten sie bis zum Beginn des 15. Jahrhunderts, und auf piemontesischem Gebiet fand auch die Hinrichtung der letzten katharischen Gläubigen (Chieri 1412) statt: Es war das Ende der katharischen Bewegung im Abendland. Dazu haben sicher die Härte der Repression und die politisch-kulturellen Verän-

derungen des 14. und 15. Jahrhunderts sowie die Spaltungen im Katharismus selbst beigetragen; es darf dabei aber nicht übersehen werden, dass einen gewichtigen Beitrag auch die Bewegung des hl. Franziskus geliefert hat. Das

Die Ruinen der früheren Festung von Montaillou.

In den französischen Pyrenäen des 14. Jahrhunderts

Das Dorf Montaillou

Dank der Edition des Re-gistrum Inquisitionis des Bischofs Jacques Fournier (gest. 1342) und der Ver-öffentlichung einer sehr er-folgreichen sozialgeschicht-lichen Studie durch Emma-nuel Le Roy Ladurie mit dem Titel Montaillou, village occitan de 1294 à 1324 (deutsch: Montaillou. Ein Dorf vor dem Inquisi-tor 1294 bis 1324) ist ein kleines Dorf der französi-schen Pyrenäen ins Zen-trum der Aufmerksamkeit geraten. Aus den Hunder-ten von Aussagen, die im Registrum gesammelt sind, ist es möglich, die wirt-schaftlichen und religiösen Geflechte, aber auch die Liebesbeziehungen der we-nigen hundert Einwohner von Montaillou, die zu Be-ginn des 14. Jahrhunderts

zwei aufeinander folgenden inquisitorischen Befragun-gen unterzogen wurden, genau zu rekonstruieren. Die zweite Befragung wur-de von Bischof Jacques Fournier durchgeführt, der 1334 als Benedikt XII. Papst in Avignon wurde; er verstand es das Netz der Komplizenschaft aufzude-cken, dank dessen die letz-ten Vollkommenen der Katharer eine Wiederbe-lebung der Bewegung versucht hatten. Betroffen waren die hoch gestellten Familien, darunter jene Clergue, der der Dorfpriester Pierre Clergue angehörte, ein Freund der Katha-rer und leiden-schaftlicher Lieb-haber. Aber auch

Angehörige der unteren Schichten fühlten sich be-droht, als am 8. September 1308, nach einer Razzia, alle Einwohner des Dorfes in der Festung eingeschlos-sen und dann befragt wur-den.

Der Glaube, die Liebschaf-ten, der Hass, die großen und auch die weniger edlen Gefühle wurden so von den Inquisitoren festgehal-ten und konnten auf diese Weise Gegenstand der his-torischen Forschung, der Neugier und auch der Pas-sion werden.

*Bonaventura Berlinghieri,
Der hl. Franziskus mit
Pilgern, Detail des Ante-
pendium mit dem
hl. Franziskus und Szenen
aus seinem Leben, 13. Jh.
(Pescia, San Francesco).*

*Unten: Bühnenbild von
Ludwig Sievert für die
Aufführung des Parsifal
in Freiburg im Jahr 1913.*

*Laudato sie, mi'
Signore, cum tucte
le tue creature* des
Franziskus war
nicht explizit in
anti-katharischer
Funktion entstan-
den, aber ohne Zweifel war diese Spiritualität, die Ausdruck eines Optimismus gegenüber der Schöpfung und
ihrem Schöpfer war, der Verbreitung eines Denkens för-
derlich, das dem Dualismus der Katharer diametral entge-
gengesetzt war. Während für die Katharer das materielle
Universum böse, teuflisch, war, war für den »Spielmann
Gottes« die Schöpfung Ausdruck der göttlichen Herrlich-

Katharer in der Moderne

*Nach Jahrhunderten des
Vergessens war in der
2. Hälfte des 19. Jahrhunderts – zugleich mit dem
Interesse, für Werke, die
immer bedeutendere Frag-
mente der Geschichte des
Katharismus ans Licht
brachten – vor allem in
Frankreich eine neue
Aneignung der kathari-
schen Lehren zu be-
obachten, die aber vor
dem Hintergrund frei-
maurerisch-esoterischer
und antikatholischer Be-
strebungen erfolgte. So
schuf am Ende des Jahr-*

*hunderts der mit okkultis-
tischen und theosophi-
schen Kreisen in Verbin-
dung stehende Archivar
Jules Doinel (1842–1903)
die »gnostische Kirche«,
als deren ersten Patriar-
chen er sich mit dem Na-
men Valentinus II. prokla-*

*mierte, und er erklärte sich
zudem zum Bischof von
Montségur. Im Mittelpunkt
stand die Festung in den
Pyrenäen dann vor allem
in* Kreuzzug gegen den
Gral *(1933) von Otto
Rahn, dem unermüdlichen
Sucher nach dem Heiligen
Gral, der 1936 der SS
beitrat. Rahn behaupte-
te, dass die Gralsburg
Munsalvaesche, die im
Parzival des Dichters
Wolfram von Eschen-
bach (1170–1220) vor-
kommt, mit dem kathari-
schen Montségur identi-*

keit. Außerdem war der Verfasser des *Cantico delle creature* Verfechter eines religiöses Empfindens, das direkt auf die Provokation des Bösen antwortete, indem er Christus als wahren Gott und wahren Menschen zeigte, der das Böse in seinem eigenen Fleisch angenommen hat. Die scheinbare Passion des Engel-Christus der Katharer konnte nicht die gleiche Anteilnahme der Massen bewirken wie dieser von den Franziskanern gepredigte Christus, der in einer bescheidenen Krippe geboren wurde und in seiner Passion schreckliche Qualen erlitten hat.

Treffen von Vertretern einer modernen neukatharischen Vereinigung in der französischen Region Languedoc.

fiziert werden müsse und dass diese Stätte von den Katharern zum geheimen Tempel des heiligen Gral bestimmt worden sei. In einem weiteren Schritt gelangte man dazu, den Katharismus mit einer antiken gnostischen Tradition zu verbinden, die in den ersten Jahrhunderten n. Chr. entstanden sei und über dualistische Sekten bis zum Katharismus überlebt habe, um sich dann mit den Tempelrittern und der Freimaurerei zu verbinden. Für die Katharer interessierte sich auch die französische Philosophin Simone Weil (1909–1943), die, angetrieben von der Angst, die der verheerende Zweite Weltkrieg auslöste, eine neue Interpretation der dramatischen Phasen der Zerstörung der Kultur Okzitaniens, eines Landes der Freiheit und Toleranz, durch die französischen Kreuzzügler vorschlug; sie wollte damit in Erinnerung rufen, »dass im Hinblick auf die Vergangenheit nichts grausamer ist als der Gemeinplatz, wonach die Gewalt nicht die Macht hat, die spirituellen Werte zu zerstören.« (Simone Weil, Écrits historiques et politiques, Gallimard, 1960, S. 74).

Gegenwärtig bietet der Buchmarkt neben Forschungen zum Katharismus von wissenschaftlicher Bedeutung eine Vielzahl von Werken an, die an der historischen Dokumentation kein Interesse haben und nur eine mythische Konstruktion eines ebenso mythischen Katharismus betreiben.

Häretiker und Häresien vom 13.– 15. Jahrhundert

- Apostelbrüder und Dolcinianer
- Beginen und Begarden
- Wyclif, Lollarden und Hussiten

Gegen Ende des Mittelalters entstehen neuartige Häresien. Ökonomische Krisen und Probleme der sozialen Sicherheit wecken Erwartungen einer allgemeinen Erneuerung und lassen Persönlichkeiten auftreten, die die Christenheit vorgeblich zur letzten Vollendung führen. Die im Franziskanerorden leidenschaftlich diskutierte Armutsfrage wird zu einer zentralen Frage auch für die Gruppen, die ganz allgemein die Orientierung der Kirche am evangelischen Zeugnis fordern. Es ist die Zeit charismatischer Personen, die entweder einen Mystizismus propagieren, der die Geschichte zu Gunsten einer unmittelbaren Gemeinschaft mit Gott entwertet, oder den direkten Einsatz für die Erneuerung der Institutionen fordern.

Schon in den letzten Lebensjahren des hl. Franziskus von Assisi (1181–1226) waren unter den »Minderbrüdern« unterschiedliche Bestrebungen über die zukünftige Ausrichtung des Ordens aufgekommen. Diejenigen, die in der Folge »Konventualen« genannt wurden, hielten einen Ausgleich zwischen dem Auftrag einer dem *Evangelium* gemäßen Nachfolge und der Tatsache, dass die Franziskaner sich mit den kulturellen und politischen Mächten der Zeit arrangierten, für notwendig. Eine andere Vorstellung hegten die rigoroseren Kräfte, die »Spiritualen«, für die ein Kompromiss auf Kosten ihrer strengen Armut untragbar war: Sie müsse nicht nur individuell, sondern auch als Gemeinschaft gelebt werden, alles andere wäre eine Abweichung vom *Testament* des hl. Franziskus. Einige Jahrzehnte nach dem Tod des Heiligen von Assisi hat dieser Streit über den *usus pauper* sich mit der Publikation von

Miniatur aus einem Manuskript des 13. Jh. mit Darstellung der Aufnahme und der Pflege von Kranken in einer städtischen Einrichtung der Zeit.

Unten: Tafelbild des 13. Jh., Darstellung des hl. Franziskus mit Szenen, die an die Taten des »Poverello« von Assisi erinnern.

Schriften joachimitischer Prägung vermengt; darin wurde angekündigt, dass im Jahr 1260 das Zeitalter des Heiligen Geistes beginnen würde, mit der Ersetzung der Klerikerkirche durch die vom Franziskanerorden gebildete spirituelle Kirche, und der hl. Franziskus wurde mit jenem Engel des 6. Siegels (Offenbarung 7,2) identifiziert, der das neue Zeitalter eröffnet habe. Die Minderbrüder, die die Pflicht des *usus pauper* einforderten und unter denen sich Ubertino da Casale hervortat, sammelten sich um Petrus Johannis Olivi (gest. 1298), der aus dem Midi stammte und Theologe in Florenz war. Während des Pontifikates von Cölestin V. (1294) wurde den Spiritualen, zu denen der Chronist Angelo da Clareno und der Dichter Iacopone da Todi zählten, zugestanden, sich als ein Zweig der Minderbrüder in der Kongregation der *Pauperes heremitae domini Celestini* zu konstituieren, aber schon mit Bonifaz VIII. war der Kompromiss gescheitert, so dass es zum Bruch mit der kirchlichen Hierarchie kam. Petrus Olivi wurde posthum wegen Häresie verurteilt, und die Verfolgung der Spiritualen wurde unter Papst Johannes XXII. (1316–1334) intensiviert: Er verurteilte einige zum Scheiterhaufen (Marseille, 1318), zusammen mit ihren Anhängern, die dem dritten Orden der Franziskaner angehörten und in Südfrankreich als »Beginen« und in Italien als »Fraticelli« Verbreitung gefunden hatten. Johannes XXII. verwarf auch die Ansicht, dass Christus und die Apostel nichts besessen hätten, weder privat noch als Gemeinschaft (Bulle *Cum inter nonnullos* von 1323). Aber in diesem Punkt wurde der Papst vom Ordensgeneral der Franziskaner Michael von Cesena der Häresie bezichtigt, der darauf abgesetzt wurde und am Hofe von Ludwig dem Bayern Zuflucht suchen musste. Die franzis-

Szene aus dem Film Der Name der Rose, gedreht nach dem 1980 erschienenen gleichnamigen Roman von Umberto Eco.

Aus »Der Name der Rose« von Umberto Eco

Diskussion über die Armut Christi

»Das Evangelium sagt, dass Christus einen Geldbeutel hatte!«
»Hör endlich auf von diesem Geldbeutel, den ihr sogar noch auf euren Kruzifixen darstellt! Wie, frage ich dich, erklärst du dir, dass Unser Herr, als er in Jerusalem weilte, jeden Abend nach Bethanien ging?«
»Wenn Unser Herr es vorzog, in Bethanien zu schlafen, wer bist du, seine Entscheidung zu kritisieren?«
»Du irrst dich, du alter Ziegenbock, unser Herr ging nach Bethanien, weil er kein Geld hatte, um sich eine Herberge in Jerusalem zu leisten!«
»Selber Ziegenbock, Bonagratia! Und was aß Unser

Herr in Jerusalem?«
»Würdest du etwa sagen, dass der Gaul, der Hafer von seinem Herrn erhält, damit er weiter lebt, der Eigentümer des Hafers ist?«

© ARCHIVIO STORICO DEL CINEMA / AFE

»Ha, siehst du, jetzt vergleichst du Unsern Herrn Jesus mit einem Gaul!«
»Nein, aber du vergleichst Unseren Herrn Jesus mit einem korrupten Prälaten an deinem Hof, du Haufen Mist!«
»Meinst du? Und wie oft hat sich die Kurie mit Prozessen herumplagen müssen, um eure Güter zu schützen?«
»Die Güter der Kirche, nicht unsere! Wir haben sie nur im Gebrauch!«

»Jawohl, im Gebrauch, um sie aufzubrauchen und euch prächtige Kirchen zu bauen, ihr Heuchler, ihr Lasterhöhlen, ihr weißgetünchten Friedhofsgespenster! Ihr wisst ganz genau, dass nicht die Armut, sondern die Barmherzigkeit das Grundprinzip des vollkommenen Lebens ist!«

Umberto Eco, Der Name der Rose, übers. von Burkhart Kroeber, S. 444 f.

Pietro di Giovanni d'Ambrogio (1410–1449), Hl. Bernhard von Siena (Siena, Pinacoteca Nazionale).

Unten: Ausschnitt aus einem Majolika-Fries des Giovanni della Robbia (1469–1529), mit Darstellung einer Pilgergruppe (Pistoia, Spedale del Ceppo).

kanische Bewegung teilte sich in der 2. Hälfte des 14. Jahrhunderts in zwei Orden (offizielle Trennung 1517): die Observanten, die dem Besitz von Gütern sowohl individuell als auch gemeinschaftlich abschworen (zu ihnen zählten Bernhardin von Siena und Johannes von Capestran), und die Konventualen, die Güter als Gemeinschaftseigentum akzeptierten.

Apostelbrüder und Dolcinianer

1260 zogen Scharen von Gläubigen, die enthusiastisch den Beginn des neuen Zeitalters des Heiligen Geistes begrüßten, von Mittelitalien aus in einer Bußwallfahrt in die nördlichen Länder; um ihre Bitte um Vergebung der Sünden zum Ausdruck zu bringen, geißelten sie sich selbst. In dieser Zeit hat ein gewisser Gerardo Segarelli aus Parma eine Laien-Gefolgschaft aus Männern und Frauen um sich gesammelt, die als Apostel Christi wirken wollten und das Volk zur Buße aufforderten mit der

Ermahnung *Penitençagite!* (tut Buße!). Die Bewegung der Apostelbrüder dehnte sich rasch über verschiedene Gebiete in Mittel- und Norditalien aus; zu Beginn gab es keine besonderen Probleme mit den kirchlichen Autoritäten; als aber das Konzil von Lyon (1274) bekräftigte, dass es nicht erlaubt sei, neue Orden zu gründen und also alle religiösen Vereinigungen sich in die schon bestehenden eingliedern müssten, weigerten sich die Apostelbrüder; außerdem wurde gegen sie, wie gegen andere Armutsbewegun-

Christian Slater (links), Darsteller des Adson von Melk, und der Schauspieler Ron Perlman (rechts) in der Rolle des Mönchs Salvatore, Anhänger der Häresie der Dolcinianer, im Film Der Name der Rose *von J.-J. Annaud.*

© Archivio Storico del Cinema / AFE

gen, die Anklage erhoben, sie würden ohne kirchlichen Auftrag missbräuchlich predigen. Es kam zum Zusammenstoß, mit der Folge, dass Segarelli im Jahr 1300 hingerichtet wurde. Neuer Anführer wurde »Fra Dolcino« von Novara. Sohn eines Priesters und gebildeter als Segarelli, setzte Dolcino dessen Werk fort, indem er mit drei Rundbriefen eine apokalyptische Botschaft verkündete: Mit Segarelli habe das vierte und letzte Zeitalter begonnen, in dem Gott, durch die Hand des Königs Friedrich III. von Sizilien, die kirchliche Hierarchie bestrafen und einen heiligen Papst an die Stelle von Bonifaz VIII. setzen werde. In

die Enge getrieben von ihren weltlichen und kirchlichen Gegenern, suchten die Dolcinianer im Valsesia (im nördlichen Piemont) Zuflucht; nach zwei Jahren harter Belagerung durch die Kreuzzugstruppen wurden Dolcino, seine Gefährtin Margerita und weitere Überlebende gefangen, grausam gefoltert und schließlich hingerichtet. Wie sehr die Gestalt dieses Propheten schon die Zeitgenossen beeindruckt hat, offenbart die Tatsache, dass auch Dante, der sich sonst in seiner *Divina Commedia* nicht besonders an den großen häretischen Bewegungen der Epoche interessiert zeigt, ihm einige Verse gewidmet hat (Inferno XXVIII, 55–60):

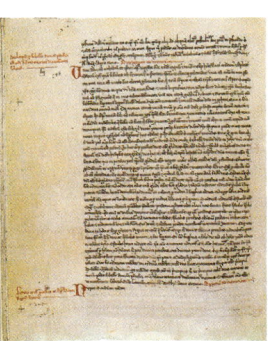

»Der du wohl bald zurückkehrst zu der Sonne,
Nun sag auch Fra Dolcin, er soll mit Speise,
Will er nicht alsbald mit nach unten folgen,
Sich wohl versorgen, dass das Schneegestöber
Die Novaresen nicht zum Siege führe,
Denn anders können sie ihn kaum bezwingen.«

Dass Fra Dolcino auch heute noch zu begeistern vermag, mag, zeigt die Existenz eines Centro Studi Dolciniani in Italien.

Errichtung des Obelisken für Fra Dolcino im Jahr 1907 anlässlich seines 600. Todestages und Erinnerungsfoto während einer Kundgebung mit 10 000 Menschen; der Obelisk wurde 1927 abgebrochen, 1974 wurde auf Initiative des Centro Studi Dolciniani auf den Trümmern eine Gedenksäule errichtet.

Beginen und Begarden

Das Beginentum, eine Bewegung, die sich aus Männern (Begarden) und vor allem Frauen (Beginen) zusammensetzt, stand schon seit dem 13. Jahrhundert in Flandern in Blüte und hat sich rasch in Deutschland, Frankreich und Italien ausgebreitet; als die von den Spiritualen und den Apostelbrüdern ausgelösten Streitfragen aufkamen, geriet die Bewegung in den Verdacht der Verbindung zu diesen und der Abweichung von der Rechtgläubigkeit, weshalb sie zum Teil unterdrückt wurde. Die Beginen lebten allein oder mit anderen Gefährtinnen in Häusern meist in der Nähe oder im Zentrum der Siedlungen, sie folgten keiner monastischen Regel, sondern verpflichteten sich durch ein privates Gelübde zu Gehorsam und Keuschheit, durften aber persönliche Güter besitzen. Sie widmeten sich der Handarbeit und dem Dienst der Nächstenliebe in den Hospitälern und Leprosarien, den restlichen Teil des Tages verbrachten sie im Gebet.

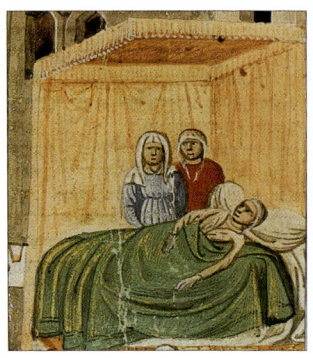

Besuch am Krankenbett auf einer Miniatur des Manuskripts 2197 des Canon des Avicenna aus der 1. Hälfte des 15. Jh. (Bologna, Biblioteca Universitaria).

Unten: Jules-Eugène Lenepveu (1819–1898), Jeanne d'Arc auf dem Scheiterhaufen (Paris, Panthéon).

Im 14. Jahrhundert waren sie Verdächtigungen und Verurteilungen (Konzil von Vienne 1311) ausgesetzt, vor allem auf Grund eines anti-institutionellen Spiritualismus, der sie in die Nähe bestimmter

---

Guglielma von Böhmen, Margareta Porete und Jeanne d'Arc

Häretischer Mystizismus bei Frauen

Gemäß den Aussagen ihrer Anhänger vor der Inquisition wurde die Mystikerin Guglielma die »Böhmin«, gestorben in Mailand um 1281, als Inkarnation des Heiligen Geistes betrachtet; sie sei nach ihrem Tod sofort auferstanden und in den Himmel aufgefahren. Obwohl Guglielma selbst sich davon distanziert hatte, glaubten ihre frommen Anhänger in Verbindung mit der Abtei von Chiaravalle bei Mailand bei ihr eine so außergewöhnliche Heiligkeit wahrzunehmen, dass sie ihr zu Ehren Hymnen verfassten, von einer ihrer Gläubigen die Messe zelebrieren ließen und willens waren, eine »Päpstin«

zu wählen, die die Kirche in das neue Zeitalter des Geistes führen sollte. Aber im Jahr 1300 wurden die in Chiaravalle bestatteten sterblichen Überreste von Guglielma verbrannt, zwei ihrer Gefolgsleute landeten auf dem Scheiterhaufen, während andere zu verschiedenen Strafen verurteilt wurden.

Zehn Jahre später wurde in Paris die Begine Margareta Porete als Relapsa *(ein Begriff der Inquisition für einen rückfälligen Häretiker, der der Häresie bereits abgeschworen hatte) verurteilt und auf dem Scheiterhaufen verbrannt, zusammen mit ihrem Buch* Spiegel der einfachen Seelen, *die nur im Wunsch und in der Sehnsucht nach Liebe verharren, dem frühesten mystischen Werk der französischen Literatur. An ihrem Prozess war der Generalinquisitor von Frankreich, der Dominikaner Guillaume Imbert, beteiligt, der zu eben dieser Zeit die Prozesse gegen die Templer geführt hat. Das*

häretischer Lehren der Zeit brachte. Trotz der Verfolgungen haben einige Beginenhäuser sich bis in unsere Zeit erhalten.

Die Abtei Chiaravalle (bei Mailand), wo bis 1300 die sterblichen Überreste von Guglielma von Böhmen ruhten, die in diesem Jahr exhumiert und wegen Häresie verbrannt wurden.

Wyclif, Lollarden und Hussiten

Auch in England, wo es den Häresien nie gelungen war, wirklich Fuß zu fassen, begann ein prominenter Professor aus Oxford, John Wyclif (um 1320–1384), im Sinne der Armut der Kirche – die zu der Zeit im »Exil« von Avi-

religiöse Erleben Margaretas ging von der Feststellung der Bosheit der menschlichen Seele aus, die aber nicht zur Verzweiflung, sondern zum Anlass eines totalen Vertrauens auf die Gnade Gottes wurde, bis hin zu einer vollständigen Identifikation zwischen der Seele des Gläubigen und Gott. Auf dieser Ebene mystischer Erfahrung war keinerlei Vermittlung mehr nötig, keine verfasste Kirche, keine Sakramente, nicht einmal die Liebe Gottes. Im Unterschied zu Margareta Porete waren für den religiösen Weg der Jeanne d'Arc die »Stimmen« von Engeln und Heiligen be-

deutsam, die ihr schon seit dem Alter von 13 Jahren den göttlichen Willen mitteilten. Die himmlischen Botschaften veranlassten sie, sich als Führerin der französischen Rückeroberung während des 100-jährigen Krieges (1337–1453) zu behaupten; sie wurde gefangen genommen und vom kirchlichen Tribunal einem politisch-theologischen Prozess unterzogen, in dem die vorgeblichen moralischen Abscheulichkeiten und die Verfehlungen gegen den Glauben der Kirche, deren sich »la Pulcelle d'Orléans« schuldig gemacht habe, erwiesen werden sollten. Sie wurde tatsächlich 1431 in Rouen

als Relapsa (sie hatte die vorhergehende Abschwörung widerrufen) zum Tod auf dem Scheiterhaufen verurteilt; nach 25 Jahren wurde sie von einem neuerlichen kirchlichen Tribunal rehabilitiert, und 1920 wurde sie von Papst Benedikt XV. heiliggesprochen.

gnon war – und gegen die Eintreibung des Zehnten durch den Klerus zu predigen. Damals begannen die theologischen Diskussionen sich immer mehr mit den Forderungen nach gesellschaftlicher Reform zu verbinden, wobei die religiösen Anführer Unterstützung bei den wirtschaftlich und kulturell führenden Klassen suchten und erhielten und sich dann auch an die niederen Schichten wandten. So verband sich die Botschaft von Wyclif, die zuerst vor allem in akademischen Kreisen Anklang fand, bald mit gesellschaftlichen Erwartungen der mittleren und unteren Schichten, die gegen die bestehende Ordnung zu rebellieren versuchten. Diese Bewegung, genannt die »Lollarden«, beschränkte sich aber nicht auf eine Reihe von sozialen Forderungen, sie war auch geprägt durch einen religiösen Skeptizismus gegenüber den Heiligen, den Wundern und den Wallfahrten und durch eine starke antiklerikale Komponente. Nach

84

blutigen Revolten wurden die wichtigsten Persönlichkeiten der Bewegung und schließlich der größte Teil der Rebellen hingerichtet, während die Gruppen, die überlebten, in der Reformation aufgingen.

Trotz der Niederlage in England verbreiteten sich die Ideen von Wyclif im Reichsgebiet in Böhmen, auch dank dem Wirken des Theologen Jan Hus (1369–1415); dieser verband seine radikalen Forderungen nach Reform der Kirche, die zu jener Zeit im Großen Schisma gespalten war, mit den nationalen Erwartungen der Unabhängigkeit von deutscher Vormundschaft und erreichte, dass sich die Lehrer der Universität und das Volk erhoben. Die Hussi-

Zeichnung nach einem Faksimile der Chronik des Konzils von Konstanz von Ulrich von Richenthal mit einer Darstellung vom Konzil.

ten (auch »Utraquisten« genannt, weil sie die Kommunion unter den beiden Gestalten – *sub utraque specie* – von Brot und Wein empfingen) waren zusammen mit den extremsten Flügeln, den Taboriten, Adami-

ten und Orebiten, einig, gleichzeitig die Kirche und das Reich zu bekämpfen; Hus wurde zur Rechtfertigung seiner Thesen vor das Konzil von Konstanz geladen und man machte ihm dort den Prozess; trotz der Zusicherung freien Geleits wurde er als Häretiker zum Tod auf dem Scheiterhaufen verurteilt (1415).

Mit den Hussiten finden die typisch mittelalterlichen Häresien ihr Ende, das heißt jene Gruppen, die im Namen

Girolamo Savonarola

1498, am Ende des Jahrhunderts der humanistischen Blüte und des päpstlichen Mäzenatentums, erschütterte ein Ereignis die Gewissen der Christen und der Kirchenführung. Der Dominikaner Girolamo Savonarola, der den Fall der Medici dazu ausnutzte, in Florenz einen »Gottestaat« zu errichten, wurde nach einem Prozess, in dem gefälschte Dokumente vorgelegt wurden und die Folter zur Anwendung kam, zum Tod durch Erhängen und anschließender Verbrennung auf dem Scheiterhaufen verurteilt. Durch seine feurigen Predigten, in denen er wiederholt die Lebenswandel der päpstlichen Kurie und des Papstes Alexander VI. geißelte und die Einberufung eines Konzils für die Reform der Kirche forderte, war es Savonarola gelungen, Florenz eine strenge christliche Moral aufzuerlegen, wovon die zahlreichen »Verbrennungen der Eitelkeiten« zeugten: Scheiterhaufen für »heidnische«

Kunstwerke und Luxusgegenstände. Der aufrührerische Dominikaner war geradezu die Verkörperung all jener Kräfte, die die Notwendigkeit einer radikalen Erneuerung der Kirche erkannten und die wenige Jahrzehnte später aus eben diesem Grund die Spaltung der christlichen Kirche provozierten. Aus diesem Grund war die »savonarolische Frage« mit dem Tod des Mönchs aus Ferrara auch nicht erledigt, im Gegenteil, dieses Zei-

chen des Widerspruchs hat die folgenden Generationen betroffen und fasziniert, die sich in ihrem Bemühen, zu einer wahren Reform der Kirche zu kommen, auch auf sein Wirken berufen konnten. Man kann im antiinstitutionellen Radikalismus von Savonarola ein letztes Aufflackern des mittelalterlichen Buß-Prophetismus sehen, dem es darum zu tun war, eine vollkommene Gesellschaft zu errichten, und zugleich einen vorreformatorischen Versuch der Politisierung der evangelischen Botschaft.

Seite gegenüber, oben:
Fra Bartolomeo (1473–
1517), Bildnis des Fra
Girolamo Savonarola als
Petrus Martyr (Florenz,
Museo di San Marco);
Seite gegenüber, unten;
Francesco di Lorenzo
Rosselli (1448– vor 1513)
(zugeschrieben), Hinrichtung
von Savonarola (Florenz,
Museo di San Marco).

Auf dieser Seite, oben:
Stefano Sassetta (1394–
1450), Scheiterhaufen eines
Häretikers (Melbourne, Na-
tional Gallery of Victoria);
Auf dieser Seite, unten:
Avers eines im Jubiläumsjahr
1500 geprägten Guldens
mit dem Profilbildnis von
Alexander VI. (Rom,
Museo Nazionale Romano).

der Reform der Kirche gegen sie und gleichzeitig gegen die sie stützende politische Macht kämpfte. Ihre Niederlage resultierte hauptsächlich aus der doppelten Umklammerung, aus der sie sich nicht befreien konnten; man darf aber nicht die Tatsache übergehen, dass auch die abendländische Spiritualität und Kultur sich geändert hatten und ein bestimmter von der Gesellschaft losgelöster Spiritualismus nicht mehr möglich war. Es war der Moment eines größeren Kampfes erreicht, der seine Wurzeln in einem erweiterten theologisch-politischen Bewusstsein hatte. Es war jetzt die Zeit des antiinstitutionellen Radikalismus eines Savonarola gekommen, vor allem aber waren die Voraussetzungen für eine viel einschneidendere Reform gegeben: die Reformation.

Von der Reformation bis heute

- Ausbreitung der Reformation
- Jansenismus und Quietismus
- Die »belagerte Zitadelle« und der Modernismus

- Die Gegenwart

Die Spaltung des Christentums als Folge der Reformation erzeugt eine lebhafte religiöse Suche, die auch zur Quelle vieler häretischer Ideen wird. Ab dieser Zeit werden auch die Beziehungen zwischen herausragenden Vertretern des europäischen Geisteslebens und der katholischen Kirche zunehmend von Misstrauen geprägt. Die kirchlichen Autoritäten beurteilen mit strenger Zurückhaltung die Entfaltung neuer philosophisch-religiöser Ideen und die Versuche, das Christentum zu »modernisieren«. Im Lichte des »Aggiornamento« bemüht der zeitgenössische Katholizismus sich um die schwierige Balance zwischen den traditionalistischen Abschottungen und dem Vorwärtsdrängen progressiver Strömungen.

Viele der von den ketzerischen Bewegungen des Mittelalters geweckten Erwartungen fließen zusammen in den Forderungen, die in Europa mit der Reformation zum Bruch der Einheit des Glaubens führen. Die von den Reformatoren gestellte Herausforderung gab sich aber nicht damit zufrieden, allgemein zu einem »apostolischen Leben« aufzurufen, mit der daraus folgenden Idealisierung der Armut, man strebte vielmehr danach, das Christentum von Grund auf zu erneuern. Schon der Urheber des Protestantismus, der Augustinermönch Martin Luther (1483–1546), der anfänglich an dem bekannten Skandal des Ablasshandels Anstoß genommen hatte, stellte in der Folge den ganzen katholischen Apparat in Frage: die

Stich von Lucas Cranach d. Älteren (1472–1553) mit Darstellung des protestantischen Klerus (links) und des katholischen Klerus (rechts) auf einem Stich von 1545 (Berlin, Staatliche Museen).

Unten: Lucas Cranach d. Ältere, Bildnis von Martin Luther (Mailand, Museo Poldi Pezzoli).

*Protestantischer Druck
gegen den Ablasshandel.*

*Unten: Bildnis von Huld-
reich Zwingli (1484–1531),
Zürcher Humanist und
Theologe und Vater des
Schweizer Protestantismus,
aus dem Jahr 1531
(Zürich, Stadtbibliothek).*

hierarchisch-sakramentalen Ämter, aber auch die Beziehung von Schrift und Tradition, Gnade und Heil, Glaube
und Werke.

Ausbreitung der Reformation

Mit der Ausdehnung der Reformation auf verschiedene
europäische Länder entstehen zahlreiche antagonistische
Kirchen, die aber hinsichtlich der Häresien nichts anderes
machen, als die herkömmlichen Schemata zu bekräftigen.
Die Protestanten berufen sich auf die von der katholischen Kirche verfolgten antiken Häretiker, wie auf
Glieder einer Kette, die die frühe apostolische Kirche mit der Reformation verbindet; dementspre-
chend schlossen die Katholiken, dass die protestantischen Kirchen die Erben der antiken Häresien
wären. Die Katholiken betrachteten den strengen
Augustinismus der Reformatoren als einen regelrechten Manichäismus, und sie sehen bis in unsere
Zeit in der Reformation das deutlichste Beispiel
dafür einer Häresie: Noch im *Katechismus* des
Papstes Pius X. (1903–1914) heißt es: »Die Häreti-

ker sind die Getauften, die sich hartnäckig weigern, gewisse Wahrheiten zu glauben, die Gott geoffenbart hat und die von der katholischen Kirche als Glaubenswahrheiten gelehrt werden, zum Beispiel die Arianer, die Nestorianer und die verschiedenen Sekten der Protestanten«. Demgegenüber war den Reformatoren zufolge die katholische Kirche mit ihrem Optimismus bezüglich der Heilsmittel verunreinigt durch die Häresie des Pelagius. Der Bruch der Glaubenseinheit hatte ein allgemeines Gefühl der religiösen Desorientierung und der gegenseitigen Verdächti-

Alessandro Magnasco (1667–1749), Befragung durch die Inquisition, Ausschnitt (Budapest, Szépművészeti Múzeum).

Der Fall des Müllers Menocchio

Die Gefährlichkeit eigenständiger Gedanken

Über den Müller Domenico Scandella, genannt »Menocchio«, hat Carlo Ginzburg eine Studie veröffentlicht, die großen Anklang fand: Il formaggio e i vermi *(deutsch:* Der Käse und die Würmer*). Das Leben dieses Friulaners aus bescheidenen Verhältnissen, der von der Inquisition zum Tode verurteilt wurde, hatte außer diesem tragischen Ereignis nichts Außergewöhnliches. Menocchio wurde 1532 in Montereale bei Pordenone geboren, er erlebte zwei große Revolutionen, die Reformation und die Erfindung des Buchdrucks, und in diesem Kontext*

haben ihn seine Lektüre und seine eigenständigen Reflexionen dazu geführt, einige christliche Dogmen zu bestreiten. Er beteuerte vor seinen staunenden Landsleuten, aber auch vor dem weniger wohlgesinnten Inquisitor: »Die Luft ist Gott, die Erd' ist unsere Mutter«; nicht Gott hat also die Welt geschaffen, sondern diese hat ihren Ursprung in einer gestaltlosen Masse gehabt, aus der alle Wesen hervorgegangen sind, »gerade wie man den Käse in der

Milch macht, und darinnen wurden Würm', und das waren die Engel; und die allerheiligste Majestät wollte, dass das Gott und die Engel wären«; zum Verhängnis wurde ihm, dass er an solchen Auffassungen, von denen er sagte, er habe sie »aus meinem Hirn geschöpft«, festhielt.

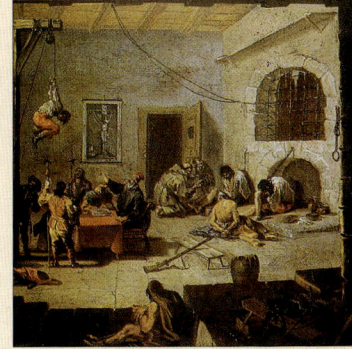

*Antikatholische Allegorie,
anonymes englisches
Gemälde des 15. Jh.
(Privatsammlung).*

*Unten: Taddeo Zuccari
(1540–1609), Indiktion
des Konzils von Trient
(Caprarola, Palazzo Farnese,
Anticamera del Concilio).*

gungen zur Folge (es sei erinnert an die Aufsehen erregende Flucht des bewunderten Predigers und Generals der Kapuziner Bernardino Ochino und des Bischofs Pier Paolo Vergerio auf reformiertes Gebiet), aber er regte auch eine von jeder verfassten Kirche unabhängige Reflexion an, an der sich auch Laien beteiligten. Es öffnete sich so für jedes Gewissen, sei es das eines einfachen Müllers oder eines unbekannten Mönchs, die Möglichkeit, seinen eigenen, vielfach eklektischen Weg zu gehen; die Kehrseite war fatalerweise die Verhärtung der Kirchen. So wurden zu Häretikern dieser Zeit schlechthin alle, die entweder ihre alternative Religiosität im Verborgenen und in der Verstellung lebten (»Nikodemiten«) oder offen den Zusammenstoß mit

allen verfassten Kirchen provozierten, wie es der Fall war bei Giordano Bruno. Es gab damals die einvernehmlichen Verurteilungen der spanischen *Alumbrados* (»Erleuchtete«) durch Katholiken und Reformierte, deren berühmtester Exponent Juan de Valdés gewesen ist; sie suchten die göttlichen Wahrheiten weder in der Bibel noch in der Tradition, sondern eher in einer subjektiven Erleuchtung, die jede Art von kirchlicher Autorität zu Gunsten der Leitung durch den Heiligen Geist ausschloss. Es gab auch die stark verfolgten Wiedertäufer, die aus den Prinzipien der von Luther gepredigten Freiheit und Gleichheit die äußersten Konsequenzen zogen und allein die den Erwachsenen gespendete Taufe als gültig anerkannten und die offen antitrinitarische Positionen vertraten, wenn sie behaupteten, dass man in Christus nur den Menschen sehen dürfe. Nicht zu vergessen ist auch der Benediktinermönch und Spiritualist Giorgio Siculo, der zur Zeit des Konzils von Trient (1545–1563) eine gewisse Gefolgschaft hatte, bis ihm der Prozess gemacht wurde

Statue des Giordano Bruno, errichtet 1889 am Campo de' Fiori in Rom; 1849 war – in der Zeit der römischen Republik – eine erste Statue zum Gedenken an Giordano Bruno errichtet worden, die dann in der Zeit der Restauration, als Papst Pius IX. auf den Heiligen Stuhl zurückgekehrt war, zerstört wurde.

Verurteilt zum Tod auf dem Scheiterhaufen

Giordano Bruno

Der Dominikaner Giordano Bruno (1548–1600), unruhiger Wanderer durch Italien, Deutschland, die Schweiz, England und Frankreich, übte so großen Reiz aus, dass seine Ideen überall lebhaftes Interesse fanden, war aber auch so rigide, dass er von Katholiken, Lutheranern und Calvinisten exkommuniziert wurde, bis ihn die Inquisition schließlich zum Tod auf dem Scheiterhaufen verurteilte. Seine Vielseitigkeit machte ihm zum Experten der Mnemotechnik, der Kosmologie (er verteidigte die heliozentrische Theorie des Kopernikus), der Philosophie, und als Theologe war er ein gelehrter Exeget der Heiligen Schrift. Er war gegen das Autoritätsprinzip, trat für Toleranz ein und trug Lehren vor, die sowohl die Katholiken als auch die Protestanten für häretisch hielten. Seinem Denken lag eine Form der hermetischen Gnosis zugrunde, nach der Gott als in der Natur gegenwärtige lebende Seele erkannt wird, und als Ziel des Menschen sah er das mystische »Indiamento«, die absolute Vereinigung mit dem göttlichen Ganzen.

und er, nachdem er nicht abschwören wollte, in einem Kerker in Ferrara erhängt wurde (1551). Siculo wollte in seinem *Libro grande* die ihm direkt von Christus geoffenbarte Lehre eines allgemeinen Heils durch die Gnade verkünden, in polemischem Bezug auf die Prädestinationslehre des Calvinismus (ganz ähnlich wie der »Bestseller« *Il beneficio di Christo*, ein krypto-häretischen Werks ebenfalls aus benediktinischem

Umfeld); in dieser Verkündigung war weder Platz für irgendeine Art kirchlicher Hierarchie noch für die Sakramente und die Ablässe oder für den Glauben an Fegefeuer und Hölle.

Wichtig war außerdem die von den Italienern Fausto und Lelio Sozzini ins Leben gerufene Bewegung (Sozinianismus), die in Polen, Holland und England Verbreitung fand; ausgehend von der philologisch-rationalen Untersuchung der heiligen Texte formulierten sie antitrinitarische Thesen und bejahten optimistisch die Möglichkeit des Menschen, trotz der Erbsünde das Gute zu tun.

Auf diese Bewegungen, die eine Gefahr für jede organisierte Form des religiösen und bürgerlichen Lebens bedeuteten, reagierten die christlichen Kirchen mit harter Unterdrückung: Während die katholische Kirche Inquisitionsprozesse anstrengte, verurteilte Calvin in Genf den spanischen Arzt Michael Servetus für seine antitrinitarische Häresie zum Scheiterhaufen (1553), und es ist auch

Hexerei und Ketzerei

In der Zeit vom 15. bis zum 17. Jahrhundert grassierte in vielen Gebieten Europas die sogenannte »Hexenjagd«. Dass dieses Phänomen mit dem Kampf gegen die Häresien in enger Verbindung steht, zeigt die Tatsache, dass in manchen Gebieten der Name, mit dem die von den Inquisitoren der Hexerei Angeklagten bezeichnet werden, dem Namen bestimmter häretischer Sekten entspricht. So war in den Westalpen zur Bezeichnung eines Teilnehmers am (Hexen-) Sabbat besonders der Beiname »Waldenser« verbreitet, und die hexerischen Aktivitäten wurden als »Vauderie« (»Waldensertum«) gebrandmarkt, der Hexer konnte auch aber als »Katharer« oder allgemeiner

als »Häretiker« bezeichnet werden. Es war diese Konvergenz zwischen der alten Anklage des Maleficium und einer neueren Anklage der Häresie, die den modernen Typus des Hexers und häufiger noch der Hexe schuf. Diese wurden nicht nur für verantwortlich gehalten, mit ihren magischen Künsten ein Komplott zum Schaden der Mitglieder der Gemeinschaft zu schmieden (Maleficium), sondern sie wurden gleichzeitig der Häresie schlechthin angeklagt: Abschwörung des christlichen Glaubens und daraus folgende Anbetung des Teufels und Abschluss eines satanischen Paktes. Schon im Directorium inquisitorum (1376) *des katalanischen Dominikaners Nicolas Eymerich wird präzisiert: »Wer den*

Teufel anruft und ihm kultische Verehrung erweist, ob er es bekennt oder rechtlich überführt wird, ist weder als Wahrsager noch als Magier, sondern als Häretiker zu betrachten.« Die der Hexerei Angeklagten werden also aller Infamien bezichtigt, die zuvor die Häretiker getroffen hatten, darunter besonders die Anklage der kannibalistischen Kindstötung. Die Hexe wird der Typus der neuen Rebellin gegen Gott und die menschliche Gesellschaft, und deshalb wird ihr das Los des Teufelsdieners, als der der Häretiker gilt, zuteil: der Prozess vor der Inquisition oder vor dem weltlichen Gericht und der darauf folgende Scheiterhaufen.

Unten: Papst Paul III.
Farnese nimmt vom
hl. Ignatius die Regel des
Jesuitenordens entgegen
(Rom, Chiesa del Gesù).

bezeichnend, dass die Anzeige des Giorgio Siculo bei der römischen Inquisition aus reformatorischen Kreisen erfolgt ist.

Jansenismus und Quietismus

Im Jahr 1640 wurde in Löwen posthum das Werk *Augustinus* des holländischen Bischofs Cornelius Jansen (1585–1638) veröffentlicht. Zwei Jahre

später verbot Papst Urban VIII. das Werk, und 1653 wurden einige Sätze daraus für häretisch erklärt. In seinem Kommentar zu Texten des hl. Augustinus hatte Jansen die protestantische antipelagianische Polemik wieder aufgenommen, wobei er die Verdorbenheit des Menschen und deshalb die Notwendigkeit der göttlichen Gnade für das Heil so deutlich unterstrich, dass auf einen Prädestinationismus geschlossen wurde. Die Lehre fand starke Unterstützung in Frankreich, vor allem unter den Nonnen von Port-Royal des Champs, die infolgedessen jede Anpassung des christlichen Lebens an die irdische

Welt anklagten und sich für ein strenge Lebensführung mit stetem Gebet entschieden. Im polemisch geführten Gefecht zwischen den Jansenisten und den Jesuiten (Befürworter eines weniger engen und elitären Wegs christlicher Existenz) trat zu Gunsten Ersterer der große Mathematiker und Philosoph Blaise Pascal (1623–1662) mit seinen *Lettres provinciales* ein, während der Papst sich ihnen entgegenstellte wie auch der König von Frankreich, der das Kloster Port-Royal auflöste und die Nonnen vertrieb. Die jansenistischen Ideen überlebten jedoch und verbreiteten sich in verschiedenen europäischen Ländern, so dass noch 1786 der Bischof von Pistoia, Scipione de' Ricci, allerdings ohne Erfolg versuchte, in einer Diözesansynode Elemente der Reform durchzusetzen.

Auf gleiche Weise bekämpften der König von Frankreich und das Heilige Offizium die Verfechter des sogenannten »Quietismus«; diese Bewegung ging zurück auf den spanischen Priester Miguel de Molinos, der 1675 seinen *Guía espiritual* (»Geistlicher Führer«) veröffentlichte, in dem er das Lob »der reinen interesselosen Liebe« sang; auf dieses Werk folgten die Schriften der Adeligen Jeanne-Marie Guyon und des Erzbischofs von Cambrai, François

Bildnis des 18. Jh. von Blaise Pascal.

Unten: Franz Hogenberg (1535–1590), Vertreibung der Jesuiten aus Antwerpen (Genf, Bibliothèque de Genève).

*Bildnis von Galileo Galilei
aus dem 17. Jh.*

*Rechts: Galilei vor der
Inquisition im Jahr 1633,
zeitgenössisches Bild eines
unbekannten italienischen
Künstlers.*

Fénelon. Sie waren beeinflusst vom Mystizismus der Spanier Teresa von Avila (1515–1582) und Johannes vom Kreuz (1542–1591) und predigten eine Theologie der »Ruhe« der Leidenschaften, die mittels des Gebets erreicht wurde, durch das die Seele sich in eine mystische Vereinigung mit Gott jenseits jeder hierarchisch-sakramentalen Vermittlung versenken konnte.

Die Konfrontation zwischen Wissenschaft und Theologie

Die Verurteilung von Galileo Galilei

*Der Mathematiker und
Astronom Galileo Galilei
(1564–1642) aus Pisa wurde der Häresie angeklagt,
weil er in seinem* Dialogo
sopra i due Massimi Sistemi del Mondo Tolemaico e
Copernicano *eine kosmologische Sicht als gesichert
präsentiert hatte, die mit
der biblischen Sicht nicht
übereinstimmte: Es war
dies der erste Fall der Aufsehen erregenden Konfrontation zwischen der Theologie und der entstehenden*

*experimentellen Wissenschaft, die mit der Verurteilung von Galileo und
der erzwungenen Abschwörung (1633) endete.
Erst die folgende und mühsame Anerkennung der
Autonomie und des Respekts zwischen Wissenschaft und Glaube führte
zu einer Versöhnung der
beiden Sphären des Wissens, gründend im Verständnis der verschiedenen
Methoden und Ziele und*

*des jeweils spezifischen
Beitrags zur Verwirklichung des Menschen.
Die Erklärung von Papst
Johannes Paul II. (vom
31. Oktober 1992), der
Verurteilung von Galilei
liege »ein tragisches gegenseitiges Unverständnis«
zwischen dem Wissenschaftler und den Richtern
der Inquisition zugrunde,
ist als unmittelbare Folge
eines solchen veränderten
Bewusstseins zu werten.*

Die »belagerte Zitadelle« und der Modernismus

Im 18. und 19. Jahrhundert ging die größte Herausforderung für die christlichen Kirchen nicht mehr von den häretischen Bewegungen aus, sondern von einer ganzen Kultur, die im Namen der Aufklärung oder der positivistisch verstandenen Rationalität jede Basis der Religion als solcher zu zerstören versuchte, indem sie sie zum Aberglauben erklärte und die Kirche in die Position einer »belagerten Zitadelle« brachte. Die Verurteilungen des modernen Denkens, enthalten im *Syllabus* (1864) von Papst Pius IX. (1846–1878), in der die Missbilligung der Gewissensfreiheit hervorsticht, und die »römische Frage« erweiterten noch den Graben zwischen Kirche

Ausschnitt aus einem Gemälde eines anonymen Malers aus dem Jahr 1870 mit der Darstellung von Pius IX. bei der Eröffnung des I. Vatikanischen Konzils (Senigallia, Museo di Pio IX).

und moderner Welt; auf die Dogmen des Jurisdiktionsprimats und der Unfehlbarkeit des Papstes während des I. Vatikanischen Konzils (1869–1870) folgte die Abspaltung der vom Theologieprofessor Ignaz von Döllinger (1799–1890) angeführten deutschen Altkatholiken, die sich als unabhängige Kirche konstituierten und sich in Deutschland, Österreich, in der Schweiz und in den Niederlanden verbreiteten.

Der Versuch einer Erneuerung des Christentums, der am Übergang vom 19. zum 20. Jahrhundert unternommen wurde, führte noch einmal zu Spannungen und Brüchen. Es handelte sich dieses Mal nicht um eine organisierte Bewegung, sondern um eine Form des Denkens, die unter

dem Namen »Modernismus« in die Geschichte eingegangen ist; den Urhebern, berühmten Vertretern der Wissenschaft und des Glaubens, ging es darum, eine Tradition neu zu überdenken, die jetzt als Hindernis für die Lebenskraft des Christentums erschien, und sie im Licht eines modernen Weltbilds zu erneuern. So hat der französische Bibelwissenschaftler Alfred Loisy (1857–1940) für sein Fach neue Horizonte eröffnet, ist dabei aber so weit gegangen, in seinem Buch *L'Evangile et l'Eglise* (Paris 1902) die Gründung der Kirche durch Christus in Zweifel zu ziehen; der Schriftsteller Antonio Fogazzaro (1842–1911) dagegen forderte in seinem Roman *Il Santo* (1905; deutsch: *Der Heilige*, 1906) eine

anspruchsvollere Religiosität; beide mussten erleben, dass ihre Werke auf den *Index* gesetzt wurden. Mit der Veröffentlichung der Enzyklika *Pascendi Dominici gregis* (1907) wurde der Modernismus als »Zusammenfassung aller Irrlehren« verurteilt.

Die Gegenwart

Während die meisten religiösen Formen, die in der Vergangenheit als Häresien gebrandmarkt wurden, die Idee einer Reform der Kirche gemeinsam hatten, ist die Bruderschaft St. Pius X., die Gemeinschaft der Anhänger des Marcel Lefebvre, im Gegensatz dazu als Protest gegen den vom II. Vatikanischen Konzil (1962–1965) zum Ausdruck gebrachten Willen zur Erneuerung entstanden. Wegen der schroffen Polemik gegen das Rom neomodernistischer und neoprotestantischer Tendenz, die sich im II. Vatikanischen Konzil gezeigt habe, ist die Bruderschaft 1988 aus der Gemeinschaft der katholischen Kirche ausgeschlossen worden. Aber in den Jahren, die auf das Konzil folgten,

Marcel Lefebvre

Rechts: Begräbnis von Marcel Lefebvre 1991 in Écône in der Schweiz.

Der von Papst Johannes Paul II. exkommunizierte Erzbischof

Marcel Lefebvre

Der französische Erzbischof Marcel Lefebvre (1905–1991) hat sich vehement gegen die liturgischen und theologischen Erneuerungen in der Folge des II. Vatikanischen Konzils aufgelehnt, im Besonderen gegen die Einführung des neuen Missale (das das Missale Romanum des hl. Pius V. ersetzt hat) und gegen den Dialog mit den anderen Konfessionen und Religionen. Er war 1976 von Papst Paul VI. a divinis suspendiert und 1988, nachdem er ohne päpstlichen Auftrag vier neue Bischöfe geweiht hatte,

von Papst Johannes Paul II. exkommuniziert worden; das damit von Monsignore Lefebvre provozierte Schisma scheint sich in den letzten Jahren jedoch seinem Ende zu nähern, auch dank der päpstlichen Kommission »Ecclesia

Dei«, die die Lefebvrianer in den Schoß der Kirche zurückholen sollte. Das bedeutsamste Signal einer Wiederannäherung erfolgte während des Jubiläums des Jahres 2000, als Tausende von Lefebvrianern als Pilger nach Rom kamen, um in St. Peter das Heilige Jahr zu feiern.

Eröffnungsfeier des II. Vatikanischen Konzils, Illustration des amerikanischen Künstlers Franklin McMahon (geb. 1921).

Unten: Papst Paul VI. im Jahr 1973.

sind auch andere Strömungen, die als zu »progressistisch« galten, gebremst worden; beispielsweise bei der Veröffentlichung des *Neuen Katechismus* der Bischöfe der Niederlande (1966), der in einigen Punkten für irrig gehalten wurde, so dass Papst Paul VI. (1963–1978) sich veranlasst sah, den korrekten katholischen Glauben mit der Proklamation eines Credo zu bekräftigen (30. Juni 1968). Gegenwärtig ist es schwierig, von häretischen Bewegungen zu sprechen, auch wenn immer wieder Unstimmigkeit mit der christlichen Lehre auftreten; so etwa in der »New Age« genannten Strömung, derzufolge das christliche Zeitalter der Fische im Begriff sei, dem goldenen Zeitalter des Wassermanns Platz zu machen, in dem alle Religionen in eine einzige universale Gestalt aufgehen werden, oder durch das *Channeling* (Kommunikation mit übernatürlichen Wesen) eine neue Gnosis auftritt, die pan-

Arbeitssitzung des II. Vatikanischen Konzils nach Franklin McMahon.

Unten: Die Homepage www.newageinfo.com.

theistisch den Kosmos sakralisiert und Jesus von Nazaret mit einer der vielen irdischen Manifestationen des spirituellen Christus identifiziert. Man könnte allerdings darüber diskutieren, ob solche Lehren als Häresie beurteilt werden sollen oder ob sie dem Christentum nicht gänzlich wesensfremd sind; wichtiger scheint jedoch zu sein, dass für die christlichen Kirchen heute der »häretische« Ernstfall aus anderen Richtungen kommt. Im Grunde ist sowohl für die Häresie als auch für die Rechtgläubigkeit immer die enge Verbindung mit einem Glauben relevant gewesen, der bei aller Verschiedenheit als grundlegend für die eigene Existenz betrachtet wurde. Wie aber soll man in Beziehung treten mit jemandem, der durch seine weitgehende Indifferenz kein Gespür mehr besitzt für die Faszination einer transzendenten Welt und eines übernatürlichen Ziels? Wie soll man sich eine neue Weise »die Welt zu bekehren« vorstellen, ohne »sich zur Welt zu bekehren«? Dies sind einige der neuen und entscheidenden Herausforderungen der christlichen Kirchen der Gegenwart.

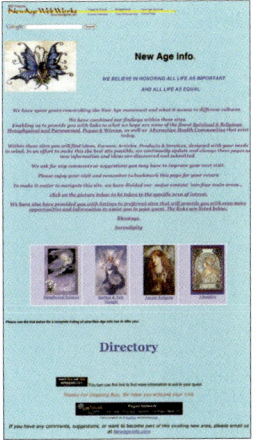

Die Antwort der Kirche auf die Häresie

- Das Mittelalter und die Entstehung der päpstlichen Inquisition
- Die römische Inquisition und der Index der verbotenen Bücher
- Vom II. Vatikanischen Konzil bis heute

Die enge Verbindung zwischen der Wahrheit und dem Heil ist zentral für jede Religion. Das Christentum, das in Sonderlehren eine Gefahr erkennt, hat sich diesen und ihren Verfechtern entgegengestellt, um den wahren Glauben zu schützen und die Mitglieder der Gemeinschaft vor Irrwegen zu bewahren. Dazu ist jedes Mittel angewendet worden: die Streitrede, die Widerlegung, die Exkommunikation, die Verfolgung, die Auslieferung an den »weltlichen Arm«. Mit dem II. Vatikanischen Konzil hat die katholische Kirche schließlich auch das Band zwischen der Wahrheit und der Liebe entdeckt, wonach die Präzisierung der Glaubenslehre die Anerkennung der Gewissensfreiheit nicht im Wege steht.

Von Beginn an mussten die christlichen Gemeinden sich mit einer vielförmigen Entwicklung auseinandersetzen, woraus unausweichlich das Problem entstand, wie dem, der die Einheit des Glaubens oder der Disziplin bedroht, wirksam begegnet werden kann. Anfänglich gab es zwei Waffen, die zu diesem Zweck angewandt wurden: die Exkommunikation und die Widerlegung.

Schon der hl. Paulus hatte angeordnet:

> Wie wir eben gesagt haben, so sage ich auch jetzt abermals: Wenn jemand euch ein anderes Evangelium verkündet als das, welches ihr empfangen habt, der sei ausgestoßen! (Galater 1,9 Vulgata).

Und der hl. Johannes hatte gemahnt:

> Wenn jemand zu euch kommt und nicht diese Lehre mitbringt, dann nehmt ihn nicht in euer Haus auf, sondern verweigert ihm den Gruß (2 Johannes 1,10).

Da sie die Waffe des Ausschlusses für unzureichend hielten, haben verschiedene christliche Theologen ihr breites Wissen in den Dienst der Widerlegung der Häresien gestellt, haben antihäretische Abhandlungen verfasst, die für viele Jahrhunderte den Bezugspunkt darstellten für alle, die die Häresien ihrer Zeit bekämpften.

Francisco Goya (1746–1828), Inquisitionstribunal (Madrid, Museo de la Real Academia de San Fernando).

Unten: El Greco (1541–1614), Hl. Paulus (Madrid, Privatsammlung).

Aber die Wende erfolgte, als das Christentum sich zunächst gleichauf mit, dann im Vorrecht gegenüber den anderen Religionen des Römischen Reiches befand. Gegenüber einer einfachen Ausgrenzung oder Widerlegung des Häretikers neigte man immer mehr zu seiner Ergreifung (diesbezüglich wurde besonders der Vers Hohes Lied 2,15 zitiert: »Fangt uns die Füchse, die kleinen Füchse! Sie verwüsten die Weinberge, unsre blühenden Reben«) und zum physischen Zwang (in diesem Sinn wurde eine Stelle des Gleichnisses der zum Gastmahl Geladenen ausgelegt: *Compelle intrare*, »Nötige sie hereinzukommen«, las man die Stelle Lukasevangelium 14,23 Vulgata). Nach der »Konstantinischen Wende« bestand eine Sorge der Kaiser darin, die Einheit des Reiches auch mittels der Einheit des christlichen Glaubens zu festigen; daraus erklärt sich das Bestreben auf Überwindung von theologischen Streitigkeiten durch die Einberufung von Ökumenischen Konzilen und die Publikation von antihäretischen Dekreten. Als Kaiser Theodosius mit dem Edikt von Thessaloniki (*Cunctos populos* von 380) der weltlichen Macht die Verteidigung der katholischen Rechtgläubigkeit übertrug, wurde der Weg für eine noch engere Verbindung zwischen politischer Gewalt und Schutz des Glaubens eröffnet. Nicht zufällig folgte wenige Jahre spä-

Oben: Missorium (Gedenkteller) des Kaisers Theodosius I., 388 (Madrid, Museo de la Real Academia de la Historia).

Unten: Mosaik mit der Darstellung des hl. Ambrosius (Mailand, Basilica di Sant'Ambrogio).

ter das erste Todesurteil wegen Häresie, als der spanische Bischof Priscillian in Trier von Kaiser Maximus aufgrund der Anklage des *maleficium* verurteilt wurde (385), trotz der scharfen Missbilligung der Bischöfe Ambrosius von Mailand und Martin von Tours. Im allgemeinen war die antihäretische Gesetzgebung des spätrömischen Reiches jedoch mehr auf die Isolierung des Häretikers als auf die Todesstrafe ausgerichtet, insofern sie seine Entfernung aus öffentlichen Funktionen vorschrieb und ihm die Fähigkeit ein Testament zu machen entzog.

Francisco Goya, Hexensabbat (Madrid, Museo Lázaro Galdiano).

Die Kirche gegen den Verderber der Seele

Die Entmenschlichung des Häretikers

In ihrem Kampf gegen die Häresien hat die Kirche auch ein ganzes Arsenal von Gleichnissen und Verdachtsmomente ins Feld geführt, die – mittels der Entmenschlichung und Dämonisierung des Häretikers – auf die Schwere der Gefahr hinweisen sollten. Der Häretiker wurde als Verderber der Seele hingestellt, so wie die Krankheit der Verderber des Leibes ist, er wurde als Pest, Gift, Krebs, Aussatz bezeichnet, und seine Ausgrenzung aus der menschlichen Gemeinschaft wurde durch die Zuschreibung von Geisteskrankheit oder durch Verleihung tierischer Beinamen betrieben: Der Häretiker war der kleine Fuchs, der den Weinberg verwüstet (Hohes Lied 2,15) und der Wolf der, verborgen unter dem Schafspelz, die Herde des Herrn anfällt (Matthäus 7,15). Bei Betrachtung der dem Häretiker unterstellten Laster – vor allem Hochmut und Vortäuschung von Frömmigkeit – lag auch der Schluss nicht fern, dass er sich in nächtlichen Vereinigungen inzestuösen Orgien hingab, begleitet von kannibalischen Kindestötungen und der Anbetung des Teufels.

Mit dieser Wiederaufnahme von Anschuldigungen, die in der Antike von den Heiden gegen die Christen erhoben worden waren, gelangte man zu einer regelrechten Verteufelung des Häretikers, die in der Bulle Vox in Rama (1233) von Gregor IX. ihren offiziellen Ausdruck fand und zu einem wichtigen Instrument für die Unterdrückung wurde.

Miniatur einer französischen Schule wahrscheinlich des 15. Jh. mit Darstellung des hl. Bernhard von Clairvaux (Brüssel, Bibliothèque Royale).

Augustinus, Bischof von Hippo, gehörte zu den ersten, die gegen die Häretiker die weltliche Macht zu Hilfe riefen, im Besonderen gegen die Donatisten, auf die er das *compelle intrare* anwandte. Aber zu dieser Zeit zeichnete sich bereits die Gefahr der barbarischen Völker ab, die mit den römischen Legionen auch viele christliche Gemeinden, und mit ihnen das Problem der Häresien, hinweggefegt haben.

Das Mittelalter und die Entstehung der päpstlichen Inquisition

Als im 11. Jahrhundert sporadisch Häresien auftraten, war die Reaktion der Kirche nicht von feststehenden Prinzipien geleitet, sondern die Antworten erfolgten eher fallweise und schlossen nur selten die Todesstrafe ein. Als 1022 im Abendland der erste Scheiterhaufen für Häretiker errichtet wurde, war das Todesurteil durch den französischen König Robert den Frommen verhängt worden, und bald brannten weitere Scheiterhaufen auf Drängen verängstigter Menschen, während die wenigen Stimmen, die sich gegen die Gewalt aussprachen wie Wazo, Bischof von Lüttich (11. Jahrhundert), ungehört blieben. Im 12. Jahrhundert gab es eine unerwartete Zunahme von häretischen Bewegungen, die die Kirche unvorbereitet traf; um die Hauptmerkmale der neuen Häresien zu erfassen, griffen die

Theologen auf die Werke der Kirchenväter der Antike zurück. Auch für den kämpferischen hl. Bernhard von Clairvaux (1090–1153) ging es nicht darum, eine regelrechte Verfolgung des Häretikers zu entfesseln, sondern seine Marginalisierung zu erreichen. Der Kanon *Sicut ait beatus Leo* des III. Lateran-Konzils (1179) hingegen sprach nicht nur die Exkommunikation gegen die verschiedenen aufgezählten Häresien aus, sondern es wurde auch an die Wehrhaftigkeit der Gläubigen und der öffentlichen Gewalt appelliert, und man sicherte diesen *Milites* den Sündennachlass zu: Es war ein bedingter Aufruf zum Kreuzzug gegen die Häretiker, der aber zunächst noch ohne konkrete Folgen blieb.

Ein weiterer wichtiger Schritt auf dem Weg vom Versuch, den Häretiker zu bekehren (die *persuasio*), zum erklärten Willen, ihn zu suchen und zu bestrafen (die *coercitio*) erfolgte durch Papst Lucius III., der auf dem Konvent von Verona (1184) sich mit Kaiser Friedrich Barbarossa (1123–1190) auf eine antihäretische Gesetzgebung einigte (Dekretale *Ad abolendam*); damit wurden die Bischöfe zum Kampf gegen die Häretiker mittels der kanonischen Visitation in den Diözesen und der Anzeige bei den weltlichen Autoritäten aufgefordert. Noch entscheidender

Miniatur aus der Historia Hierosolymitana des Mönchs Robert von Reims (12. Jh.), mit Darstellung von Friedrich Barbarossa als Kreuzfahrer (Vatikanstadt, Biblioteca Apostolica Vaticana).

Unten: Giotto, Der Traum von Innozenz III. (Assisi, Oberkirche).

Miniatur des 14. Jh. aus den Grandes Chroniques de France mit Darstellung der Schlacht von Muret zwischen Simon von Montfort und den Albigensern (Paris, Bibliothèque Nationale de France).

Unten: Französische Miniatur mit Darstellung des Scheiterhaufens einiger Häretiker.

aber war die von Papst Innozenz III. (1198–1216) an Klerus und Volk von Viterbo gerichtete Dekretale *Vergentis in senium* (1199), in der zum ersten Mal in der Geschichte des Christentums die Häresie mit dem *Crimen laesae maiestatis* gleichgesetzt wurde. Innozenz III. war denn auch der erste Papst, der gegen die Häretiker einen Kampf auf Leben und Tod eröffnete und einen regelrechten Kreuzzug »für den Frieden und für den Glauben« gegen die Katharer in Südfrankreich organisierte (1209–1229), in dessen Verlauf ihr Land zunächst von den vom Grafen Simon von Montfort angeführten Kreuzzugstruppen verwüstet und schließlich der französischen Krone angegliedert wurde. Außer der Waffe des Gesetzes, die sich auch Kaiser Friedrich II. bald zu eigen machte, indem er für die Ketzer den Tod auf dem Scheiterhaufen vorsah (1224) und zudem die Anklage auf Häresie für seinen politischen Kampf instrumentalisierte, setzte die Kirche gleichzeitig noch weitere Instrumente

ein. Insbesondere erhielt der vom hl. Bernhard geführte Zisterzienserorden den Auftrag, Häresien durch die Predigt und das gute Beispiel zu bekämpfen. Ein starkes antihäretisches Propagandamittel war auch die Heiligsprechung von Personen, die als Vorbild der *Militia Christi* präsentiert werden konnten (hl. Maria von Oignies, hl. Antonius von Padua, hl. Petrus Martyr). Gleichzeitig begannen die Theologen umfangreiche Traktate zu verfassen, in denen die häretischen Lehren widerlegt wurden und die Überlegenheit der katholischen Position herausgestellt wurde (besonders wichtig ist die Schrift *Adversus Catharos et Valdenses*, die im 13. Jahrhundert von dem

Benozzo Gozzoli (1420–1497), Maria kniend vor dem zürnenden Christus; die Umarmung der Heiligen Franziskus und Dominikus vor dem Lateran (Montefalco, Kirche des hl. Franziskus).

Dominikaner Moneta von Cremona verfasst wurde). Mit Innozenz III. entfaltete sich die antihäretische Strategie dann noch deutlicher durch zwei parallele Maßnahmen: das Bemühen um die Wiedergewinnung derer, die von seinen Vorgängern an den Rand gedrängt worden waren, vorausgesetzt, sie nahmen die ausgestreckte Hand des Papstes an (wie die Katholischen Armen, die Wiederversöhnten Armen, die Humiliaten); andererseits der Kampf gegen die Unnachgiebigen, sowohl mittels der Gesetzgebung als auch durch Gründung von Orden, die eine angemessene Antwort auf die Häresien aufzubieten wussten.

So boten die Gründung des Ordens der Predigerbrüder (Dominikaner), Werk des hl. Dominikus de Guzmán (1170–1221), und der Minderbrüder (Franziskaner) des hl. Franziskus von Assisi (1181–1226) dem Papsttum flexible und mächtige Instrumente, die in diesem Kampf eingesetzt werden konnten. Es handelte sich um die beiden Orden, die auf unterschiedliche Weise die Predigt zum

Volk und die eigene Beispielhaftigkeit in das Zentrum ihrer Mission setzten und zudem direkt vom Papst abhingen; sie zeichneten sich außerdem durch eine außerordentliche Lebendigkeit aus, wie sie während der Bewegung des *Alleluia* zeigten (1233), als von der Lombardei bis zum Veneto ungeheure Mengen begeistert die Predigt der feurigen Brüder, vor allem Dominikaner, hörten und zur städtischen Befriedung und zum Kampf gegen ihre Störer aufgerufen wurden. Aber seit Beginn des 13. Jahrhunderts wurde der Kampf gegen die Häretiker auch durch die intensive Entwicklung des Rechtssystems geführt. Bis dahin war der Anklageprozess üblich, in dem man den Urheber einer Straftat erst nach einer Anzeige verfolgte. Dieses Vorgehen setzte jedoch den Denunzianten, wenn er nicht im Stande war, die Schuld zu beweisen, dem Risiko aus, mit den für den Angeklagten vorgesehe-

Eine 1478 entstandene Einrichtung des Staates

Die Spanische Inquisition

Für ein korrektes Verständnis der besonderen Merkmale der Spanischen Inquisition muss man beachten, dass sie, anders als die päpstliche und römische Inquisition, die direkt vom Papst abhängig waren, 1478 als staatliche Einrichtung entstanden ist (was dann auch für die 1547 eingerichtete portugiesische Inquisition gilt), dass sie ausschließlich den katholischen Königen unterstellt war und dass sie im Dienst der Reconquista stand. Das Hauptziel war der Kampf gegen die Juden und Muslime in Spanien und in den amerikanischen Kolonien, die, nachdem sie sich zum Christentum bekehrt hatten (Conversos und Moriscos) heimlich zu ihrem ursprünglichen Glauben zurückkehrten; in der Folge widmete sich die Inquisition dann auch der Unterdrückung der protestantischen Infiltrationen und der Bekämpfung moralischer Abweichungen.

Die Aufsehen erregenden Autodafés (wörtlich »Akt des Glaubens«, öffentliche Zeremonie, bei der die Verurteilten, gekleidet in einen gelben Kasack, genannt »Sanbenito«, und mit einer speziellen Kopfbedeckung aus Papier der Verlesung des Urteils beiwohnten), zwischen 1483 und 1498 vom unbeugsamen Generalinquisitor Tomás de Torquemada (1420–1498) veranstaltet, wurden zum Symbol der Intoleranz, die sogar die Intervention der Päpste zur Einschränkung der Exzesse nach sich zogen. Die Autonomie der spanischen Inquisition gegenüber päpstlicher Kontrolle zeigt sich auch darin, dass sie einen eigenen Index der verbotenen Bücher aufstellen konnte. Die letzte Verurteilung zum Tod, die von einer Inquisitionsbehörde angedroht wurde, wurde 1826 eben von der Spanischen Inquisition verhängt; aufgehoben wurde sie im Jahr 1834.

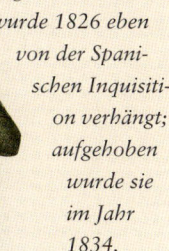

Raffael, Gregor IX. approbiert die Dekretalen, Ausschnitt (Vatikanstadt, Palazzi Vaticani).

Unten: Aquamanile in Form eines Kreuzritters (Florenz, Museo Nazionale del Bargello).

nen Strafen belegt zu werden; außerdem machte der Anklageprozess Gebrauch von willkürlichen Verfahren wie der Gottesurteile durch Feuer- oder Wasserprobe (so wurde der Angeklagte mit einem glühenden Eisen verbrannt, und nach einer gewissen Zeit wurde geprüft, ob die Brandwunde sauber verheilt war: eine himmlische Bestätigung der Unschuld). Statt dessen wurde nun immer häufiger das inquisitorische Verfahren angewandt (von lateinisch *inquirere*, »aufsuchen, untersuchen«), das von der Kirche bald auch im Kampf gegen die Häresien eingesetzt wurde; dabei bringt die Behörde auf der Basis des »öffentlichen Aufsehens« ein Verfahren auf den Weg und gelangt nach der Sammlung von Beweisen zum Urteilsspruch. Zu Beginn der 1230er Jahre hat Papst Gregor IX. (1227–1241) nach verschiedenen Versuchen die päpstliche Inquisition gegründet (das Konzil von Toulouse von 1229 hatte schon festgesetzt, dass an jedem Ort ein Priester und drei Laien zu ernennen sind, die Häretiker *inquirere* sollten). Das hauptsächliche Merkmal dieser Institution bestand in der Tatsache, dass jetzt die zur Suche der Häretiker Beauftragten nicht mehr die Bischöfe waren, sondern Amtsträger, die eigens dafür bestimmt wurden; sie wurden zuerst aus den Dominikanern ausgewählt (wie die bekannten Inquisitoren Bernard Gui und Nicolaus Eymerich, Verfasser zweier der im Mit-

Bildnis von Voltaire, inhaftiert in der Bastille, und eine Episode aus dem Candide, *illustriert von Jean-Michel Moreau d. Jüngeren (1741–1814).*

Candide und das Autodafé

Voltaire gegen die Inquisition

»Nach dem Erdbeben, das drei Viertel von Lissabon zerstört hatte, fanden die klügsten Köpfe des Landes kein wirksameres Mittel zur Verhinderung der völligen Vernichtung, als dem Volke das Schauspiel eines prächtigen Autodafés zu bieten. Die Universität von Coimbra hatte nämlich entschieden, dass das mit feierlichem Gepränge veranstaltete langsame Verbrennen mehrerer Menschen ein unfehlbares Mittel zur Verhütung von Erdbeben sei.

Darauf hin hatte man einen Mann aus der Provinz Biskaya, der der Eheschließung mit seiner Base überführt worden war, sowie zwei Portugiesen aufgegriffen, die ein Hühnchen verzehrt und dabei den Speck achtlos fortgeworfen hatten. Nach jener Mahlzeit legte man auch den Doktor Pangloss und seinen Schüler Candide in Fesseln, den einen, weil er gesprochen, den anderen, weil er mit beifälliger Miene zugehört hatte. [...] Acht Tage später zog man ihnen Sanbenitos über und setzte ihnen spitze Papiermützen auf. Candides Mitra und Sanbenito waren mit abwärtsgerichteten Flammen und mit Teufeln ohne Schwanz und Krallen bemalt, die Teufel des Pangloss

dagegen hatten Krallen und Schwänze und die Flammen züngelten aufwärts. So angetan zogen sie in feierlicher Prozession dahin und bekamen dann eine höchst pathetische Predigt und ein sehr schönes, aber monotones Kirchenlied zu hören. Während man sang, wurde Candide im Takt gepeitscht. Der Biskayer und die beiden Leute, die durchaus keinen Speck hatten essen wollen, wurden verbrannt, und Pangloss wurde gehängt, ob wohl das sonst nicht üblich war. Noch am gleichen Tage erbebte die Erde unter fürchterlichem Getöse von neuem.«

Voltaire, Candide oder der Optimismus, übers. von Ilse Lehmann, Insel Taschenbuch 11, 1973, S. 33 f.

telalter meistverwendeten Handbücher der Inquisition) und dann auch aus den Franziskanern, und sie waren allein dem Papst verantwortlich. Während am Anfang allein die Aufgabe der Suche den Inquisitoren anvertraut wurde, aber das Urteil über die Häretiker noch den Bischöfen oblag, wird mit dem Dekretale *Ad extirpanda* (1252) von Innozenz IV. (1243–1254) dem Bischof der Inquisitor zur Seite gestellt. In diesem Dekretale wurde noch ein weiterer entscheidender Schritt getan: die Erlaubnis, die Häretiker der Folter zu unterwerfen, die es schon in den Statuten italienischer Städte gab; 1254 teilte Innozenz IV. Italien in inquisitorische Provinzen auf, die er den Dominikanern und den Franziskanern zuteilte. In den italienischen Kommunen wurde das Inquisitionsverfahren allerdings nur unter großen Schwierigkeiten übernommen, bis es mit

dem Tod von Karl von Anjou (1226–1285) und der Niederlage der Staufer (Schlacht bei Tagliacozzo 1268) in verschiedene städtische Statuten Eingang fand. Aber die Schwäche der päpstlichen Inquisition bestand darin, dass jeder einzelne Inquisitor im Kampf gegen die Häretiker und ihre Anhänger auf sich gestellt war und dabei von den immer mächtiger werdenden europäischen Monarchien gehindert wurde, die Einmischungen auf rechtlichem Gebiet nicht akzeptieren wollten und zudem bestrebt waren, den inquisitorischen Apparat für eigene Zwecke zu gebrauchen; so geschehen in den Prozessen gegen die Templer und gegen Jeanne d'Arc; eine weitere Schwächung der päpstlichen Inquisition bestand in den Hürden, die die Diözesanbischöfe errichteten, die sich in ihren Jurisdiktionsrechten eingeschränkt sahen.

Früher Stich mit Darstellung von Jacques de Molay (1244–1314), Großmeister des Templerordens, auf dem Scheiterhaufen hingerichtet am 18. März 1314.

Die römische Inquisition und der Index der verbotenen Bücher

Angesichts der Schwäche der päpstlichen Macht ab dem 14./15. Jahrhundert und den gescheiterten Hoffnungen auf Eintracht zwischen Katholiken und Protestanten (Religionsgespräch von Regensburg 1541), hat Papst Paul III. (1534–1549) mit der Errichtung einer neuen für die Suche und Verurteilung der Häretiker zuständigen Institution reagiert, der römischen Inquisition (Bulle *Licet ab initio* 1542). Nun mussten die Inquisitoren, die in den verschiedenen Ländern tätig waren, die Anzeigen wegen Verfehlungen des Glaubens und der Sittlichkeit direkt an die zentrale Behörde in Rom weiterleiten, die der Theorie nach die Jurisdiktionsgewalt über die gesamte katholische Christenheit innehatte (sich in der Praxis aber auf die Territorien der italienischen Halbinsel beschränken musste)

*Sebastiano Ricci
(1659–1734), Papst
Paul III. bereitet das
Konzil von Trient vor
(Piacenza, Museo Civico).*

*Unten: Frontispiz
eines Handbuchs der
Inquisition, veröffent-
licht in Rom 1639.*

und über die weiteren Schritte unabhängig von den
bischöflichen Tribunalen entscheiden sollte. Die häretischen Lehren hatten zu der Zeit aber ein außerordentli-
ches Propagandamittel für sich entdeckt: den Buchdruck.
Zur Eindämmung der Lawine von Büchern, die man als
Bedrohung für die katholische Rechtgläubigkeit ansah,
wurde die Kongregation des Index (1571) errichtet, die
die Aufgabe hatte, Listen von zu verbietenden oder zu
korrigierenden Büchern anzulegen (die erste römische
Liste wurde schon am 30. Dezember 1558 veröffentlicht);
sie wurde 1917 von Benedikt XV. aufgehoben, ihre Auf-
gaben gingen auf die Kongregation des Heiligen Offizium

über. Ab dem 18. Jahrhun-
dert haben die Tribunale
der römischen Inquisition,
behindert von den immer
stärker zentralisierten Ge-
walten der modernen Staa-
ten, ihre Aktivitäten erheb-
lich eingeschränkt, in den
verschiedenen italienischen
Staaten wurden sie sogar
teilweise abgebaut, etwa auf

dem Gebiet der Bücherzensur, die von den nationalen Regierungen übernommen wurde.

Vom II. Vatikanischen Konzil bis heute

Für einen anderen Umgang der katholischen Kirche mit den Häresien musste man bis zur Eröffnung des II. Vatikanischen Konzils (1962–1965) warten, als Papst Johannes XXIII. (1958–1963) in seiner Eröffnungsansprache (11. Oktober 1962) erklärte, die Kirche

> zieht es vor, eher von der Medizin der Barmherzigkeit als von der Strenge Gebrauch zu machen; sie hält es für richtig, den heutigen Bedürfnissen entgegenzukommen, und will mehr die Gültigkeit ihrer Lehre erweisen als zur Verurteilung schreiten.

Papst Johannes XXIII. In der Eröffnungsansprache des II. Vatikanischen Konzils erklärt der Papst, die Kirche »zieht es vor, eher von der Medizin der Barmherzigkeit als von der Strenge Gebrauch zu machen«.

Am Ende des Konzils hat Papst Paul VI. den *Index der verbotenen Bücher* abgeschafft, und das Heilige Offizium wurde einer Reform unterzogen, aus der die Kongregation für die Glaubenslehre hervorging, mit der Aufgabe, »die Glaubens- und Sittenlehre in der ganzen katholischen Kirche zu fördern und zu schützen«. Das II. Vatikanische Konzil hat tatsächlich einen neuen Stil eingeleitet; neben der Entschlossenheit, die Grundlagen des Glaubens zu wahren (Kanon 751 des gültigen *Codex des kanonischen Rechtes* präzisiert: »Häresie nennt man die nach Empfang der Taufe erfolgte beharrliche Leugnung einer kraft göttlichen und katholischen Glaubens zu glauben-

Häresien oder Abweichungen?

Ist es historisch korrekt, von »Häresien« zu sprechen und zu schreiben, oder wäre es angemessener, statt dessen den Ausdruck »Abweichungen« zu verwenden?

Diese Frage ist von einer Gruppe von französischen Mediävisten gestellt worden, die in dem Sammelband Inventer l'hérésie? (Nizza, 1998) zeigen wollten, dass der Ausdruck Häresie zum Verständnis der Abweichung im Mittelalter ungeeignet sei, nicht nur weil er fälschlich das Urteil der Gegenseite übernehme, sondern vor allem, weil die sogenannten Häresien sich in vielen Fällen als polemische Konstruktionen mittel-

alterlicher Kleriker erweisen würden, die aus Unwissen oder Unwillen, sich mit der Wirklichkeit auseinanderzusetzen, auf Abweichler Kategorien anwandten, die in der Regel Texten der antiken Häresiologen entnommen wurden. Dadurch, dass sie ein Amalgam von unterschiedlichen Lehren ausarbeiteten und dieses noch durch einen aufgesetzten Namen zementierten (typisch ist der Fall des auf die mittelalterlichen Dualisten angewandten Begriffs »Katharer«, der von diesen selbst nie verwendet wird), wären diese Kleriker verantwortlich für die »Erfindung« der Häresie jener, die in Wirklichkeit nur Abweichler waren. In der Antwort auf diese Aufforderung, nicht Opfer der Diskurse mittel-

alterlicher Kleriker zu werden, haben auch andere Historiker hervorgehoben, dass zwischen den Zeugnissen der von der Inquisition Befragten und dem zeitgenössischen Leser der ideologische Filter des Inquisitors zwischengeschaltet ist; gleichwohl wird verneint, dass diese Vermittlung so irreführend sei, dass sie für eine regelrechte »Erfindung« von Häresien verantwortlich wäre. Die Übereinstimmungen inquisitorialer und nichtinquisitorialer Dokumente seien zu zahlreich, als dass man den Quellen grundsätzlich misstrauen müsste; aus diesem Grund wäre die Beibehaltung des Ausdrucks Häresie, auch wenn er von einem parteiischen Urteil abhänge, dennoch für die wissenschaftliche Forschung angemessen, da er signifikanter sei als der allgemeine Begriff »Abweichung«.

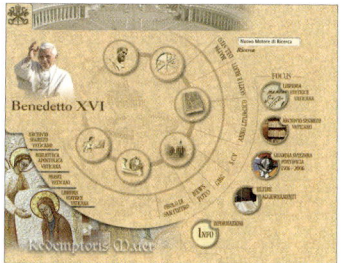

den Wahrheit oder einen beharrlichen Zweifel an einer solchen Glaubenswahrheit«, und Kanon 1364 lautet: »Der Apostat, der Häretiker oder der Schismatiker ziehen sich die Exkommunikation als Tatstrafe zu«), steht die Anerkennung der Gewissensfreiheit, deren Bedeutung feierlich in der Konzilserklärung *Dignitatis humanae* (1965) ausgesprochen wird; das Recht auf religiöse Freiheit besteht darin,

> dass alle Menschen frei sein müssen von jedem Zwang sowohl von seiten Einzelner wie gesellschaftlicher Gruppen, wie jeglicher menschlichen Gewalt, sodass in religiösen Dingen niemand gezwungen wird, gegen sein Gewissen zu handeln, noch daran gehindert wird ... nach seinem Gewissen zu handeln.

Die Berufung der Kirche unserer Zeit scheint so immer mehr darin zu bestehen, die Treue gegenüber dem »Depositum fidei« angemessen mit der Anerkennung der Gewissensfreiheit zu verbinden.

Die Homepage des Heiligen Stuhls.

Unten: Der amerikanische Erzbischof William Joseph Levada, Präfekt der Kongregation für die Glaubenslehre.

Seite gegenüber, oben: Holzschnitt aus einer französischen Ausgabe des Malleus Maleficarum *(»Hexenhammer«) von 1511, den die Dominikaner Heinrich Kramer (Henricus Institoris) und vorgeblich auch Jakob Sprenger, Inquisitoren für Tirol und Salzburg und für die Provinzen Köln, Mainz und Trier, 1486 veröffentlicht haben; Seite gegenüber, unten: Hinrichtung von Häretikern auf dem Scheiterhaufen, Miniatur in den Chroniques de Saint-Denis des 15. Jh. (Toulouse, Bibliothèque Municipale).*

Zeittafel

1. Jh.
Entstehung der Schriften des
Neuen Testaments.
Ausbreitung der christlichen
Gemeinden

2. Jh.
Ausbreitung der gnostischen
Strömungen

144
Markion wird aus der christlichen
Gemeinde Roms ausgeschlossen

um 170
Montanus gründet eine rigoristische Gemeinde

216
Mani wird in der Nähe von
Seleukia-Ktesiphon geboren

4. Jh.
Arianismus
Verbreitung des Arianismus unter
den barbarischen Völkern

312
Sieg Konstantins an der
Milvischen Brücke vor Rom »im
Zeichen des Kreuzes«

325
1. Ökumenisches Konzil in Nizäa
Verurteilung des Arius

380
Edikt *Cunctos populos* des
Kaisers Theodosius.

381
Das 1. Konzil von Konstantinopel
(2. Ökumenisches Konzil) präzisiert die Trinitätslehre und verurteilt den Makedonianismus und
den Apollinarismus

418
Die Synode von Karthago verurteilt die Lehre des Pelagius.

7. Jh.
Entstehung und Verbreitung des
Paulikianismus

787
Das 2. Konzil von Nizäa sanktio-
niert die Bilderverehrung

10. Jh.
Entstehung und Verbreitung des
Bogomilismus

11. Jh.
Berengar von Tour vertritt ein
symbolisches Verständnis der
Eucharistie. Ringen um die
Reform der Kirche und
Entwicklung der Paterer

1022
In Orléans werden Domherren
des Manichäismus angeklagt und
zum Tod auf dem Scheiterhaufen
verurteilt

1028
In Monforte wird eine monas-
tisch-asketische häretische
Gemeinschaft entdeckt

1054 »Großes Schisma« zwischen
Ost- und Westkirche

12. Jh.
Predigt von Tanchelmus, Petrus
von Bruis, Heinrich dem Mönch,
Arnold von Brescia. Entstehung
der Passaginer, Josephinisten,
Speronisten

um 1143
Propst Everwin von Steinfeld
bezeugt in einem Brief an den
hl. Bernhard von Clairvaux die
Anwesenheit von Katharern in
Köln

1155
Arnold von Brescia wird zum Tod
verurteilt

1167
Katharer-Konzil in Saint-Félix im
Lauragais

um 1170
Bekehrung von Valdes

1179
Das III. Lateran-Konzil ruft zum
Kampf gegen die Häretiker auf.
Anwesenheit von Waldensern
beim Konzil

1184
Dekretale *Ad abolendam* von
Papst Lucius III.

1198–1216
Pontifikat von Papst Innozenz III.

1199
Dekretale *Vergentis in senium* von
Innozenz III.

1205
Entstehung der Lombardischen
Armen

1208
Entstehung der Katholischen
Armen

1209–1229
Albigenser-Kreuzzug

1210
Mündliche *Approbation* des pro-
positum der ersten Minderbrüder
durch Innozenz III. Entstehung der
Wiederversöhnten Armen. Prozess
und Verurteilung der Amalrikaner
in Paris

1215
Das IV. Lateran-Konzil verurteilt
die Häresien und fordert zum
anti-häretischen Kampf auf

1216
Bestätigung des Ordens der
Predigerbrüder (Dominikaner)
durch Papst Honorius III.

1224
Kaiser Friedrich II. ordnet den
Scheiterhaufen für die Häretiker
an

1231–1233
Gregor IX. errichtet die päpstliche
Inquisition

1244
Einnahme der katharischen
Festung Montségur und Scheiter-
haufen für ca. 200 Katharer

1252
Innozenz IV. bejaht die Erlaubnis
der Folter in Prozessen gegen die
Häretiker

1260
Erwartung des Zeitalters des
Heiligen Geistes. Entstehung der
Apostolischen Brüder von
Gerardo Segarelli

1274
Das Konzil von Lyon untersagt
die Gründung neuer Orden

1278
Scheiterhaufen für ca. 200
Häretiker in der Arena von
Verona

1307
Gefangennahme und Verurteilung von Fra Dolcino. Verhaftung der Tempelritter

1309–1377
»Exil« der Päpste in Avignon

1310
Verurteilung der Begine Margareta Porete zum Scheiterhaufen

1311
Konzil von Vienne verurteilt das Beginentum

1321
Verurteilung des letzten katharischen Vollkommenen Guillaume Bélibaste zum Scheiterhaufen

um 1323
Practica inquisitionis haereticae pravitatis des Dominikaners Bernard Gui

1376
Directorium inquisitorum des Dominikaners Nicolaus Eymerich

1378–1417
Großes Abendländisches Schisma

1412
Verurteilung der letzen katharischen Gläubigen des Abendlandes in Chieri

1415
Verurteilung von Jan Hus zum Scheiterhaufen

1431
Verurteilung von Jeanne d'Arc zum Scheiterhaufen

1478
Errichtung der Spanischen Inquisition

1483
Der Dominikaner Tomás de Torquemada wird Generalinquisitor von Spanien

1498
Verurteilung des Dominikaners Girolamo Savonarola

1517
Martin Luther schlägt in Wittenberg die »95 Thesen« an

1542
Papst Paul III. errichtet mit der Bulle *Licet ab initio* die Römische Inquisition

1545–1563
Konzil von Trient; Katholische Reform als Antwort auf die Reformation (Gegenreformation)

1547
Errichtung der Portugiesischen Inquisition

1553
Der spanische Arzt Michael Servetus wird in Genf zum Tod verurteilt

1571
Errichtung der Kongregation des Index.

1600
Frater Giordano Bruno wird zum Tod auf dem Scheiterhaufen verurteilt

1633
Prozess und Abschwörung von Galileo Galilei

1640
Veröffentlichung des *Augustinus* von Cornelius Jansen.

1655
Massaker an den Waldensern, genannt »Piemontesische Ostern«

1675
Veröffentlichung des *Guía espiritual* (»Geistlicher Führer«) von Miguel de Molinos

1685
Edikt von Fontainebleau, Aufhebung der Religionsfreiheit in Frankreich

1686
Massaker an den Waldensern im Piemont

1834
Aufhebung der Spanischen Inquisition

1848
Carlo Alberto gewährt den Waldensern die »Lettere Patenti«

1864
Veröffentlichung des *Syllabus* von Papst Pius IX.

1869–1870
Das I. Vatikanische Konzil definiert die Dogmen des Primats und der Unfehlbarkeit des Papstes

20. Jh.
Fund manichäischer Texte im chinesischen Turkestan und in Ägypten

1902
Veröffentlichung von Alfred Loisy, *L'Evangile et l'Eglise*

1907
Veröffentlichung der Enzyklika *Pascendi Dominici gregis* gegen den Modernismus durch Pius X.

1917
Benedikt XV. hebt die Kongregation des Index auf

1946
Fund einer Bibliothek mit gnostischen Texten in Nag Hammadi (Ober-Ägypten)

1962–65
Das II. Vatikanische Konzil eröffnet den Weg zum »Aggiornamento« der katholischen Kirche

1965
Konzilserklärung *Dignitatis humanae* über die Religions- und Gewissensfreiheit. Umwandlung der Kongregation des Heiligen Offizium in Kongregation für die Glaubenslehre

1966
Abschaffung des Index der verbotenen Bücher durch Papst Paul VI.

1992
Rehabilitation von Galileo Galilei durch Papst Johannes Paul II.

2000
»Mea Culpa« – Vergebungsbitten von Papst Johannes Paul II. bei der feierlichen Messe zum »Tag der Versöhnung« im Petersdom

Bibliografie

Christoph Auffahrt, Die Ketzer. Katharer, Waldenser und andere religiöse Bewegungen, C.H.Beck: München 2005

Lothar Baier, Die große Ketzerei. Verfolgung und Ausrottung der Katharer durch Kirche und Wissenschaft, Wagenbach: Berlin 1984, Neuausgabe 2001

Malcolm Barber, Die Katharer. Ketzer des Mittelalters, übers. aus dem Engl. von Harald Ehrhardt, Artemis u. Winkler: Düsseldorf 2003

Norbert Brox, Artikel »Häresie«, in: Reallexikon für Antike und Christentum, Bd. 13 (1986), S. 248–297

Enchiridion Fontium Valdensium, hrsg. von Giovanni Gonnet, Torre Pellice 1958

August Franzen, Kleine Kirchengeschichte, erw. Neuausgabe, Herder: Freiburg 2008

Bernard Gui, Practica officii inquisitionis: Das Buch der Inquisition. Das Originalhandbuch des Inquisitors Bernard Gui, eingeführt und hrsg. von Petra Seifert, übersetzt aus dem Lateinischen von Manfred Pawlik, Pattloch: Augsburg 1999

Carlo Ginzburg, Der Käse und die Würmer. Die Welt eines Müllers um 1600, aus dem Italienischen von Karl F. Hauber, Syndikat: Frankfurt a. M. 1979

Inventer l'hérésie? Discours polémiques et pouvoirs avant l'Inquisition, hrsg. von Monique Zerner, Nizza 1998

Malcolm Lambert, Häresie im Mittelalter. Von den Katharern bis zu den Hussiten, übers. aus dem Engl. von Raul Niemann, Wiss. Buchgesellschaft: Darmstadt 2001

Emmanuel Le Roy Ladurie, Montaillou. Ein Dorf vor dem Inquisitor 1294 bis 1324, übers. u. bearbeitet von P. Hahlbrock, Propyläen: Frankfurt 1980

Henry Charles Lea, Geschichte der Inquisition im Mittelalter, hrsg. von Joseph Hansen, 3 Bde., Georgi: Bonn 1905; Nachdrucke: Nördlingen 1987; Frankfurt a. M. 1997 (History of the Inquisition of the Middle Ages, New York 1888)

Amedeo Molnár, Die Waldenser. Geschichte und Ausmaß einer europäischen Ketzerbewegung, aus dem Tschechischen übers. von Erich Emmerling, Herder: Freiburg 1993

Bernd Moeller, Geschichte des Christentums in Grundzügen, 9. Aufl., Vandenhoeck u. Ruprecht: Göttingen 2008

Jörg Oberste, Ketzerei und Inquisition im Mittelalter, Wiss. Buchgesellschaft: Darmstadt 2007

Karl Rahner, Was ist Häresie?, in: Ders., Schriften zur Theologie, Bd. 5, Benziger: Einsiedeln 1962, S. 527–576

Charles Schmidt, Histoire et doctrine de la secte des Cathares ou Albigeois, Paris 1849 (2 Bde.)

Hans Jürgen Schultz (Hrsg.), Die Wahrheit der Ketzer, Kreuz-Verlag: Stuttgart 1968

Gerd Schwerhoff, Die Inquisition. Ketzerverfolgung in Mittelalter und Neuzeit, C. H. Beck: München 2004